LEARN NIGERIA PIDGIN-ENGLISH

By Bamidele Olowo-Okere *(LLB)*

i

Copyright © 2014 by Bamidele Olowo-Okere *(LLB)*

ISBN: 9 789970 927906

If your have any question or comment concerning this book, or wish to place your order for the Audio version to aid your pronounciations of the words contained in this book, please write or call:

Email: learnnigeriapidginenglish@gmail.com

bamideleolowookere@ymail.com

NGN : +2348058596223

*Also available – Audio Book of *LEARN NIGERIA PIDGIN-ENGLISH (Vol.One)* to aid your pronounciation and learning.

In addition we offer VIRTUAL TRAINING sessions in Nigeria Pidgin-English for those all over Africa, Europe, Americas, Asia, and Australia.

PREFACE

Nigeria is a pluralistic state, rich in culture and tradition with over 500 languages, amongst which Nigeria Pidgin-English is *primus interpares*. Unlike other ethnic and tribal languages which are restricted in been spoken across the country, Nigeria Pidgin-English is a Trans-Ethnicity, Neo-Cultural and dynamic language which is spoken by ALL Nigerians both within the country and in diaspora. This language could be easily learnt, understood and very humorous due to its diction.

Today, Nigeria Pidgin-English has evolved from what was formerly called *'collaqual English'* into being a <u>Nation-wide language</u> *which is been spoken by ALL* Nigerians irrespective of their tribal differences. This language has made our entertainment industry, musics and movies globally accepted and appreciated. Also, records shows that this is an International Language because we have foreign nationals across West Africa, and some parts of Europe, Asia and East Africa learning and conversing with Nigerians in Pidgin-English. Truly, this language has paved way for our great nation, Nigeria and is one of our prominent cultural heritages as the Giant of Africa.

No bi small tin o!

Bamidele Olowo-Okere *(LLB)*

ACKNOWLEDGEMENT

My special thanks firstly go to the Almighty God for giving me the idea and His grace of making this book, as well as to my parents for raising and nurturing me in the pathway of success. Also, I will like to acknowledge the kind assistance and financial support from HIS EXCELLENCY AMBASSADOR OMOLADE OLUWATERU CORNELIUS of THE NIGERIAN HIGH COMMISSION UGANDA, HON. WALTER AJOGBOR *(mni)*, MR MOHAMMAD MUSA *(Minister)*, MR ODOH INNOCENT *(Minister Counselor)*, MS. REGINA AONDONA (Senior Counselor), MRS PARAMOLE (Second Secretary), MR O. OTIERI *(Finance Attachee)*, MR GODWIN UDOH *(Office Manager)* my family, friends and well-wishers in making this dream a reality. May God bless them all.

In addition, I like to specially thank the underlisted individuals / companies for their benevolent and generous sponsorship/donations towards this book of mine:

- HON.WAFULA SIRABO PATROBAS(COMMISSIONER OF EQUAL OPPORTUNITIES
- CHIEF TONY MBAEGBU (MD/CEO GIANT P.P.P LTD.)
- CHIEF KENNETH OGBOUZOR (MD/CEO UCHERICH HOLDINGS LIMITED)
- CHIEF ONOURAH OWAN
- MR CHARLES AJAEGBU (MD ASHANTI RESTAURANT KAMPALA)
- MR & MRS CALLISTUS UDEH (MD/CEO AMARACHI GENERAL COMMERCE LTD
- BAR. KELECHI N. AZUBUIKE (PRESIDENT NIGERIA SOCIETY UGANDA)

May God bless them all.

FOREWORD

Learn Nigeria Pidgin-English is a collection of words and phrases carefully selected and arranged in alphabetical order by the author not only for those who are interested in learning Pidgin-English, but also to enrich the knowledge of those who speak the language.

Bamidele Olowo-Okere should be commended for this initiative and the research he put into it. The author is already building bridges across the African continent by trying to promote a language that can be easily spoken by many. He should be encouraged knowing fully well that initiative is not what you can buy: you earn it.

I hereby recommend this book to those with probing and discerning minds and all that care to know about Pidgin-English.

AMB. OMOLADE OLUWATERU

NIGERIA HIGH COMMISSION, UGANDA

COMMENDATIONS

- This is a very commendable and outstanding work. It is a new and refreshing addition to the Nigerian Language and Culture. Congrats!!!!

HON. WALTER AJOGBOR (*mni*)

NIGERIA HIGH COMMISSION UGANDA

- This work is a product of a creative mind; so useful, I think the author deserves a combined honour of being a literati and peace-maker. A literati because he has produced an excellent work of (Pidgin) literature; a peace-maker because he has promoted Pidgin-English as one of the possible unifying languages in an obviously divided continent/ country. Kudos!

MR TAJUDEEN SANNI

H.O.D JURISPRUDENCE DEPT.

FACULTY OF LAW, KAMPALA INTERNATIONAL UNIVERSITY, (K.I.U) UGANDA.

- 'LEARN NIGERIA PIDGIN-ENGLISH' is a thoughtful and creative work which helps the growing numbers of lovers of Nigerian movies and music to understand them better. Nigeria Pidgin-English is the favourite language of most Nigerians, and a knowledge of the language will help non-Nigerians who come in contact with Nigerians in diaspora to foster a lasting rapport together.

BAR. KELECHI AZUBUIKE

PRESIDENT NIGERIA COMMUNITY UGANDA/ LECTURER , FACULTY OF LAW,KIU

DEDICATION

I dedicate this book *firstly* to my Life-coach, Mentor, and Pastor, Rev. Chris Oyakhilome *(PhD)* as well as to my fathers, instructors and role-model in the pathway of faith and success in life; Pastor E.A Adeboye, Pastor W.F Kumuyi, Bishop David Oyedepo, Dr D.K Olukoya, Pastor Matthew Ashimolowo, Pastor Sam Adeyemi, Pastor Paul Adefarasin, Pastor Louis Osademe and Pastor Ben Nebuchukwu.

Likewise to all Nigerian renowned Literati as Prof. Wole Soyinka, Late Chinua Achebe, and entertainment icons as Alarm Blow (King of Comedy), Ali Baba, Julius Agu, Basket mouth, Osoufia, Mama G, Mr Ibu, Tu Face Idibia, D-Banj, Don- Jazzi, P-square, Mr Flavor, the list is endless. They have contributed immensely to propagate Pidgin-English through their various works across the globe.

Also, I dedicate this book to all the friends and lovers of our great country, Nigeria, who are desirous of learning Nigeria Pidgin-English, as well as to all Nigerians in diaspora. This book was designed primarily for them and to enable them converse fluently in Pidgin English.

I salute una o!!!!!!!!

INTRODUCTION

Nigerian Pidgin-English is a version of English and ethnic Nigerian languages spoken as a kind of lingua franca across Nigeria and is referred to simply as "Pidgin", or "Broken English".It is estimated that Nigerian Pidgin-English is the native language of approximately 3 to 5 million people and is a second language for at least another 75 million people across the country.

It is a language made up of elements of the Queen's English and the local dialects. With Nigeria having over 250 tribes and ethnicity, one finds a lot of variation in the type of Pidgin-English spoken by the different ethnic groups. The fact is that, each of the ethnic groups in Nigeria can converse in this language, eventhough they usually have their own additional words.

For example, the _Yoruba_'s add the words 'Şe' and 'Abi' to the language. These are often used at the start or end of an intonated sentence or question. For example, "You are coming, right?" becomes "Şe you dey come?" or "You dey come abi?" Another example the _Igbos_added the word, "Nna" also used at the beginning of some sentences to add effect to the meaning of their sentence. For example, "that test was hard" becomes "Nna men, dat test hard no be small".

It is important to note that, the Nigerian Pidgin-English also varies from place to place. Dialects of Nigerian Pidgin-English are found across all the thirty-six states in Nigeria. It is widely spoken on the streets of Warri, Lagos, Abuja, Benin, Edo, Port-harcourt and others. Thus, it has grown from being just any other language, into an alternative means of verbal communication in Nigeria.

Apart from the Standard English, the Nigerian Pidgin-English is by far the most popular street language across the West Africa countries, as Ghana, Cameroon, Sierra Leone and others. Currently, its acceptance stretches beyond West Africa into some parts of Europe. The entertainment industry has helped to make Pidgin-English thrive across Europe with so many songs and comedies done in Pidgin- English by Nigerian artiste.

SIMILARITY OF NIGERIA PIDGIN-ENGLISH WITH OTHER COUNTRIES

Nigerian Pidgin, along with the various Pidgin and Creole languages of West Africa, displays a remarkable similarity to the various dialects of English found in the Caribbean. Linguists hypothesize that this stems from the fact that the majority of slaves taken to the New World were of West African origin, and many words and phrases in Nigerian-Pidgin can be found in Jamaican Creole (also known as Jamaican Patois or simply Patois and the other creole languages of the West Indies.

The pronunciation and accents often differ a great deal, mainly due to the extremely heterogeneous mix of African languages present in the West Indies, but if written on paper or spoken slowly, the creole languages of West Africa are for the most part mutually intelligible with the creole languages of the Caribbean. The presence of repetitious phrases in Jamaican Creole such as "su-su" (gossip) and "pyaa-pyaa" (sickly) mirror the presence of such phrases in West African languages such as "bam-bam", which means "complete" in the Yoruba language. Repetitious phrases are also present in Nigerian Pidgin, such as, "koro-koro", meaning "clear vision", "yama-yama", meaning "disgusting", and "dorti-dorti", meaning "garbage".

Furthermore, the use of the words of West African origin in Jamaican Patois, such as "boasie" (meaning proud, a word that comes from the Yoruba language word "bosi" also meaning "proud") and "Unu" — Jamaican Patois or "Una" — West African Pidgin (meaning "you people", a word that comes from the Ibo word "unu" also meaning "you people").Also, such words display some of the interesting similarities between the English pidgins and creoles of West Africa, as well as the English pidgins and creoles of the West Indies, as does the presence of words and phrases that are identical in the languages on both sides of the Atlantic, such as "Me a go tell dem" (I'm going to tell them) and "make we" (let us).

The use of the word "deh" or "dey" is found in both Jamaican Patois and Nigerian Pidgin-English, and is used in place of the English word "is" or "are". The phrase "We dey foh London" would be understood by both a speaker of Patois and a speaker of Nigerian Pidgin to mean "We are in London". Other similarities, such as Pikin" (Nigerian-Pidgin for "child") and "Pikney" (or "Pikiny"—Jamaican Patois for "child") further demonstrate the linguistic relationship.

In addition, there are similarities of Pidgin-English words with that of the Portuguese and Spanish languages, and this dates back to the colonial era rule in Nigeria For example, "you sabi do am?" means "do you know how to do it?" "Sabi" means "to know" or "to know how to" just as "to know" is "Saber" in Portuguese and Spanish.

PIDGIN-ENGLISH WORDS	MEANINGS OF PIDGIN-ENGLISH WORDS	USAGES AND SENTENCE CONSTRUCTION
A		
Abeg:	Please	*Abeg* give me water
Abi:	Is it not?	*Abi* na you eat my food?
Abi na wetin:	What is it?	*Abi na wetin* dem talk say happen?
ABU:	Abbreviation for Amadu Bello University, Zaria	Na me graduate from *ABU* last year o!
Acada:	1. An Education 2. University student 3. A Book worm	How *acada*? How ur *acada* pikin? This boy na serious *acada*
Acata:	USA or UK or someone living in those places (See also Yonder)	How your people for *acata*?

Acting big man:	A Deputy exercising power in the absence of the boss	Na you be our *acting big man* for this office now
Adire:	Dyed cloth	I go buy *adire* from the market
A'don kia:	A contraction for "*I don't care* attitude "	You dey show *a' don kia* attitude to my needs now
Afang:	Efik soup made from Afang leaves, beef, dried fish,crayfish, palm oil, and periwinkle	Buy me *afang* soup from the Calabar kitchen restaurant
Afta:	After	Na *afta* dat time he travel
Afta much:	Inebriated after much alcohol	*Afta much* ogogoro make u no drive o!
Agaracha:	Woman of easy virtue or a flirt	That girl na *agaracha*
Agbada:	Large traditionalgarment usually worn by men particularly from the West and Northern States of Nigeria	I go wear *agbada* come the party
Agbepo:	Night soil man. (See - Onioburu)	That man na *agbepo*
Agbero:	Labourer who carries heavy goods for a fee	Abeg call me any *agbero* to carry my load

Agip:	Any Government in Power. Also it's derisory term for person who changes alliance as government come and go	That man na *agip* o!
Agument:	Argument	Why this *agument* with una brother?
Ah-ah:	For goodness sake	*Ah-ah* leave me alone
Aircon:	Abbreviation for air conditioner	Abeg switch off the *aircon* before we sleep
Ajasco:	Any man cat-walking like a woman	This guy dey walk like *ajasco*
Ajebota:	A term for the rich spoilt children. It's opposite of *Ajepako*	The school na for *ajebota* children
Ajepako:	It's aterm used for 'the poor or poor kids'	The school na for *ajepako* children
Akamu:	Pap made from corn (See Ogi)	Abeg buy me *akamu*for market
Akara:	Bean cake made from fried ground black-eyed beans	Mama how much be your *akara?*
Akara school:	Nursery school	Take your child go *akara school*
Akata:	1. Recent arrival from abroad (especially UK or USA)to Nigeria 2. It's Nigerian nickname for an African American	Na una be our *akata* for this town now o! Where those *akata girls* dey?
Akpu:	Cassava flour. (Also called Fufu or Santana or 6 to 6)	Abeg give' me *Akpu* chop
Alaba:	Abbreviation for Alaba International Market, Lagos. It's known for the sale of	I dey go *Alaba* market

	electrical goods	
Alan Pozza:	A Poser	That boy na *alan pozza*
Alau:	Allow	Abeg *alau* me to pass
Alau am:	Give him a break	*Abeg alau* am to think well
All na:	Everything	*All na* wayo
All night:	A Night vigil	We dey go *all night* for church
All Weda:	Shoes worn all the time, come rain come sunshine	This na *all weda* shoe
Am:	Used in place of 'him' or 'her' in sentence	Warn *am* O!
Amala:	Dough like meal made from yam flour and hot water. Usually served with Ewedu soup	Abeg buy me *amala* to eat for market
Amebo:	1. To Gossip 2. Someone fond of gossips	You like *amebo* too much Na you be the only *Amebo* for our family
Amerika:	America	Yes na true, I travel go *Amerika* last week
Amugbo:	One habitually smoking Indian Hemp(Marijuana)	That man na *amugbo*
And Co:	Wearing the same clothes or fabric with someone else especially married couple	The two of you dress *and co* to travel
Andrew:	One wishing to emigrate out of Nigeria or his home country due economic to hardships	That guy na *Andrew* now o!
Angola:	Prison (See Kirikiri)	No make dem carry you go *angola* o!

Animal and Sontin:	Something not real	Na *animal and sontin* picture be that
Anoda:	Another	Tell me *anoda* story
Ansa:	Answer	Ansa my question
Anyhow:	Inappropriate	No do am *anyhow*
Akpere:	Basket or Bad goal-keeper in soccer match	That goal keeper na *akpere*
Apoti:	Yoruba word for small stool	Please sit on that *apoti* till I return
Appear:	Arrive unexpected or arrive uninvited	You just *appear* without my knowledge
Apketeshi:	An illicit gin (Also called Kai Kai, or Ogogoro, or Sapele water or Burukutu)	You drink *apketeshi* before?
Apollo:	Conjunctivitis, it's an epidemic in Nigeria due to Apollo 11 moon landing	Na *Apollo* catch you for eyes?
Aproko:	Gossip (See Amebo)	You too like *aproko*
Arrange yua sef:	Make your own arrangements or Everyman to himself	Oga try *arrange yua* sef now
Arrangee:	Preplanned set up	This na serious *arrangee* dem do u o!
Area boys:	Unemployed street-wise youth loitering in the neighborhood. (Also called 'Alaye boys')	All of dem be *area boys*
Area girls:	Female Anopheles mosquitoes	Dem all be *area girls* wey bite dem

Ariya:	Good time	Dis na *ariya* time for us
Aro:	Abbreviation for a large Psychiatric Hospital in Western Nigeria	I go tell dem to carry u go *Aro*
Aromental:	1. Lunatic 2. Eccentric personalty	Your people go carry you go *aromental* You don turn *aromental*
As e':	How it	Tell am *as e'* take happen?
As for:	That 's the way it is	Bros *as for* me, I dey go house
Ashewo:	Prostitute (See Agharacha)	Na *ashewo* she be now
As-kor:	Sarcastic reply to irritant question	You dey do *askor* for me
Aso oke:	Tradition Yoruba fabric worn on special occasions. Means Upper class cloth	Na *aso oke* we go wear go the party
At-all:	Not at all (Also, At-all at-all)	*At-all, at-all* no be me steal your sugar

Attachee:	1)Hanger on 2) Social climber forcing themselves on the in-crowd	Make you sef do *attachee* with them too You like to do *attachee* too much
Attachment:	Small stoolplaced along the aisle of luxurious or mini buses for passengers who can't afford proper seats	Make you sit on dis *attachment* inside the bus
Audii:	To travel abroad or run away from danger	I need to *audi* comot naija
Auntie: .	Any older female (Used when first name terms not appropriate)	*Auntie* how una dey?
Awa:	Means "Our"	Na *awa* own car be dat
Awoko:	Burning the midnight oil	The students dey do *awoko* for exams
Awoof:	A Freebie without charge	You like *awoof* too much
Away:	Foreign country especially Europe and America	The guy done go *away* yesterday

Away Baffs:	Imported clothes from Europe and America; especially designer labels. (See Sputs, kack and Sputeez)	Those cloth na *away baffs* be all sef

B		
Baba:	Father (Yoruba)	You don become *baba* now o!
Baba God:	God Almighty	Make we thank *Baba God* o!
Baba Jiga:	Derisory name for a person suffering from Jiga infestation (Also Baba sore)	You look like *baba Jiga*
Baba-Nla:	Big father or Big person	You be *baba nla* now o!
Babar:	Saloon or Hair cut	I dey go *babar*
Babariga:	Large traditional robe worn by a man (See Agbada)	I like your *babariga*
Babo!:	Wow! (Also Ibabo!)	*Babo!* No be small thing
Babi:	Baby or Pretty girl	*Babi* u too fine o!
Babi pancake:	Girl fond of make-up	Dis one na *babi pancake*

Back am:	Carry a babytied to the back with wrapper	Abeg *back am* for your back
Backyard:	Bottom or buttocks of a lady (See also Yarnsh)	My girlfriend, I like your *backyard* well-well o!
Bad bad:	Damaged much	Di man wey moto jam wound *bad bad*
Bad-belle:	1)Malice 2) Player hater	Na *bad-belle* go kill you Dem all be bad-belle people
Baffs:	Trendy clothe	Na better *baffs* you dey sell
Bala'ga:	A Yoruba word used to identify a Youth male or female matured for sex	Your sister don *bala'ga* now o!
Baler:	One who eats greedily (See long throat)	You dey chop like baler
Balloon:	Condoms	Abeg make you use *balloon* for sex next time
Bam:	In good condition (See Kampke)	Yes, I dey *bam ;* or Yes I dey *bam bam*
Banga:	Palm tree fruit	Please find me *Banga* to eat

Banga soup:	Soup made from Palm tree fruit	Please make me *Banga soup* to eat
Barawo:	Thief (See Ole)	People catch dat *Barawo*
Basia:	Large aluminium metal basin	Please bring me dat *Basia*
Bata:	Shoe	How much be your *bata*
Battalion:	Large family (See Papa Battalion)	Una be *battalion* for your house o!
Baze:	Woo a girl (See Spin)	*Baze!* babe, u too much
Beat am die:	Beat to the point of death	Make you *beat am die*
Been to:	Well travelled	I don *been to* several countries
Beg beg:	One always begging	Guy,you too dey *beg beg*
Begin go:	Take your leave (See Hanlele)	Abeg *begin go* now
Belle:	1)Stomach 2) Mind	My *belle* dey pain me Na bad *belle (mind)* dey worry dem

Belle full:	Satiate or Satisfied with food eaten (See Gauge and Load)	Guy,I don *belle full*
Belle-sweet:	Happiness	I see say u dey *belle-sweet*
Belle-turn me:	Diarrhoea or Abdominal colic	No vex, na *belle-turn me*
Bend-bend:	An Illegal act (See Corner-corner, 419 , Jibiti, Wuru wuru and Mago mago)	You too dey do *bend-bend* business
Bend down boutique:	Fairly used clothes. Usually spread on a mat at the roadside (See Okrika wake up)	Na *bend-down boutique* you buy your cloths?
Bending corner:	Sharp-corner of a road	Dat road *bending corner* bad o!
Betta:	1)Good times 2) Improvement	*Betta* don come Things don *betta*
Betta dey for Okro soup:	1) There's something good in store 2) Good times are here	*Betta dey for okro soup* now for me o! I see say *betta dey for okro soup* for you now
Betta follow:	Good fortune	*Betta follow* me as I enter the house
Bi:	Be	Guy, make you *bi* yourself

Bia :	A word in Igbo language meaning - Come	*Bia!Bia*, make I yarn you story
Bi as e get:	Situation looks somehow now (See Get as e bi)	Guy, things *bi as e get* now
Biam Bia:	Beard (Also- Byah-byah)	You sef now don get *biam bia*
Bico:	Please	*Bico* do the paper for me
Bicos:	Because	*Bicos* na you dem want to see
Bicos why:	The reason is	*Bicos why,* I go travel
Bifor:	Before	*Bifor* you eat, always pray
Bifor-bifor:	Long time ago	*Bifor-bifor*, na so we dey do am
Bifor nko:	What did you expect?	*Bifor nko,* na so you tell am
Big grammar:	Long and difficult English words (See Blow Oyinbo)	Guy, your *big grammar* too much
Big eye:	Greedy	You get *big eye* for money
Big man:	1) Rich man 2) Man in position of authority(See Oga)	Bros you be *big man* o! Now you be *big man* o!

Bingo:	1) Dog 2) Cooked dog meat	*Bingo* sef dey bark Una sabi chop *bingo?*
Black power:	Magical powers or charms	Na *black power* dat man use for yua sister
Black soap:	Traditional soap made from Palm oil. Also called Ose Dudu in Yoruba	Dis *black soap* smell nice
Bleach:	Use of skin-lightening creams. Also bleaching	You dey *bleach* too much
Block:	Meet up with someone	Abeg try *block* am later
Blokkus:	Scrotum	Man, your *blokkus* too big for dat girl
Blow:	1)Punch 2) Speak with arrogance	I go *blow*(punch) you for face You juss dey *blow* words anyhow
Blow oyinbo:	Use of long English words especially with a foreign accent	You too dey *blow oyinbo*
Blom-blom:	1) Balloons 2) Condoms	Give dis kids *blom-blom* Make una use *blom-blom* before sex

Bo:	For Pete's sake (See Ojare and Jare)	Comot *bo*!
Bobbi:	Breasts	I love your *bobbi*
Bobo:	Trendy guy	Na You be the best *bobo* in town
Bodi:	Body	My *bodi* dey do me somehow
Bodi dey inside cloth:	I am surviving or managing	Thank God, *bodi dey inside cloth*
Bodi do me:	Premonition	*Bodi do me* sign say rain go fall
Bodi no bi firewood:	The body has its limitations	Try rest bicos *bodi no bi fire wood*
Boi:	Boy	Mama na *boi* she born o!
Boju-boju:	1.Utterance for kids Hide and seek game 2.Pay eye service 3. Deception	*Boju-boju*, go and hide o! Dis *Boju-boju* friend go stab you for back o! Watch, make dem no do you *boju-boju*
Bole kaja:	1. Yoruba word for come down and let's fight 2. Used for over crowded commuter bus in Lagos	Oga *bole kaja* if you be man Na *bole kaja* you enter come here

	(See Molue)	
Bold face:	To bluff one's way through situation	Abeg *bold face* pass there
Boli:	Roast plantain	Buy me *boli* to eat
Bom-boy:	Baby boy	Na *Bom-boy* she born
Boma boi:	Thug	Avoid all dis *boma boi* for road
Bone:	1)Frown 2) Disagree	You too dey *bone* yua face! Make you *bone* for dat matter
Bones:	Sun glasses (See Everything tinted and Shaded up)	Dat *bones* mark your face!
Bonga Fish:	A kind ofblackened dried fish used to prepare local soups	Abeg buy me *bonga fish* to cook
Booze man:	Drunkard (See Shayo)	You dis *booze man*
Borkotor:	Cooked cow's foot	How much bi your *borkotor?*
Borku:	Very plenty (See Nyanfu-nyanfu, or Plenti-plenti)	Food *borku* for dat party

Born throway:	Someone brought not to be in touch with one's cultural heritage	Dis guy na *born throway* o!
Borrow-borrow:	1. A derisory name for One always borrowing from friends 2. An act of always borrowing from friends	Dat guy na *Mr Borrow-borrow* You too like *borrow-borrow*
Borrow-borrow make me fine:	One well dressed up in borrowed clothes (Also Borrowed Baffs)	Dis one na *borrow-borrow make me fine*
Bos aut:	1)Burst out in anger as you talk 2) Explode in fierce anger	You just *bos aut* anyhow Na so you *bos aut* scatter the meeting
Bottom Box :	Treasured attire worn only on important occasions	Dat yua dress na real *bottom box* o!
Bottom-pot:	Dregs at the bottom of the pot	Na *bottom-pot* you eat?
Bottom Power:	Undue favouritism towards a female lover	Na *bottom power* she use get dat job o!

Bou-bou:	Large voluminous dress worn by women	I like your *bou-bou*
Bow:	1) Surprised 2) Applaud or be impressed	Man I *bow* as I see you inside the car! Everybodi *bow* when I land wit away baffs
Boy's quarters:	Small bungalow behind main house where hired domestic staff or extended family reside	Na *boy's quarters* he dey stay now
Boyi-boy:	Houseboy or Male servant	Na him be your *boyi-boy*
Branch:	Detour during a Pre-arranged trip	Try *branch* my house when you travel
Bread:	Naira (money)	Loan me some *bread*, I broke!
Breake:	1) Break 2) Speak with big English words	Na you *breake* di plate? Abeg sofri *breake* the grammar now
Breake Kola:	Ritual breaking of the Kola nut at the beginning of a ceremony	Make we *break kola* celebrate
Bre'kete:	Abundance of anything, particularly food or money (See also Yan fu Yan fu)	Food *bre'kete* for dat party
Broda:	Brother	Na him be my *broda*

Broda-broda:	Nepotism or undue favoritism (See Fren-fren)	Na *broda-broda* dem dey do for dat company
Brokun:	Broken English (Also called Pidgin-English)	Dis na *brokun* English you dey learn
Brokun plate:	Breakable plates especially China	Bring me those *brokun plate*
Brush:	Hit someone hard	Make you *brush* am for face
Buba:	Traditional blouse	I like your *buba* wey you wear
Bubble:	1) Dance 2) Party	Make you come *bubble* with me Abeg try come my bubble
Bukka:	Roadside restaurant (See MamaPut)	Make we go eat for *bukka*
Bulala:	Horse whip (See koboko)	I go use *bulala* on you now
Bulgary proof:	Iron bars built into windows for security	Put *burglary proof* for your house o!
Bullet:	Grammatical error especially in spoken English (Also see Ibon)	Dis boy dey shoot *bullet* too much
Bunch:	Embarrass	You *bunch* me for dat party

Burukutu:	Illicit home-made or local gin (See Apketeshi)	You don take *burukutu* abi?
Bush man:	Unsophisticated man or illiterate (it is used to abuse someone)	You be *bush man*
Bush meat:	1) Female Friend 2) Girlfriend 3) Small Forest animal e.g squirrel, antelopes etc	You get plenty *bush meat* I like dis your *bush meat* Papa carry *bushmeat* come from bush today
Bust:	1) Write off 2) Ignore (See Fashie)	Abeg *bust* de matter sef Make you *bust all the* people dat envy you
Butta my bread:	1)Answered prayer 2) Make something better	God don *butta my bread* Dis man *butta* my bread today
Butter:	Another name for Ajebota (Also Omobota)	Those girls be *butter* children
Buredi:	Bread	How much be your *buredi*
By air:	1) Reckless driving 2) Speedily arriving at one's destination	Easy! Easy! no drive *by air* Try to arrive there *by air* o!
Byah byah:	Bushy beard	Make you shave your *bya-bya*

C

Caff:	Cafeteria (Used mainly on University Campuses)	Block me for the *cafe*
Call:	To be beckoned by unseen forces e.g. as Juju is usually implied in such case.	He be like say dem dey *call* you from your village
Cantab:	Run full circle and over-take fellow athlete in long distance race	*That guy give dem cantab for the race*
Carbon copy:	Exact resemblance of someone else	The boy na real *carbon copy* of im papa he be
Carbu-carbu:	Unregistered Taxi Cab operating illegally (Not painted in official taxi colours)	I go come with *carbu-carbu*
Carry am for head:	1)Take up too much responsibility for something 2)To become obsessed with something 3) To carry heavy load on head	Guy you too dey *carry am for head* See how e *carry* politics *for head* You no need Carbu carbu, *carry am for head o!*
Carry dey do:	Behave badly	I go fight you if you *carry dey do* like dat
Carry go:	Used playfully to mean 'Get away or Get out of here'	Abeg make you *carry go*

Carry woman:	Womaniser	You too like to *carry woman*
Catch:	1) Enough salt in food 2) Intoxication 3) Excited	Salt no *catch* dis soup at all Ogogoro don *catch* am Bodi dey *catch* am too much sef
Cease light:	Power failure (See Nepa)	NEPA don *cease light*
Cha-cha:	Something new or chasis	Dat man car na *cha-cha* o!
Chai:	Good grief	*Chai!* Sorry for your money dat was stolen
Chance:	1) Take advantage of 2) Intimidate	Abeg no *chance* me jo! You no fit *chance* me like dat
Changer:	Hifi	You be *changer* naa
Charge:	Loose one's temper	Abeg no dey *charge* for your wife o!
Chassis:	Brand new car	I like your *chassis* moto
Chei:	Goodness! (See Chai)	*Chei!* I feel sorry for them o!
Chickito:	Young pretty girl	Dis na correct *chickito*
Chin:	Frown one's face in anger	No *chin* your face for me again

Chin-chin:	Fried bits of pastry served as appetiser (See Small chop)	Mama how much be your *chin-chin*
Chineke:	Oh my God!	*Chineke!* I happy for your deliverance o!
Chipay:	Cheap (See Chepeleke)	Those cloths be *chipay*
Chipeleke:	1) Cheap 2) Cheap article or news	Na *chipeleke* price you buy your watch Dat news na *chipeleke*
Chop:	1) Food 2) Income 3) Bribe or Embezzle money	I wan *chop* food o! You like to *chop money* too much Dat Oga *chop* belle-full bifor e retire
Chop bottle:	Eat glass Part of pre-fight preamble during which various threats and questions are asked to measure the toughness of the opponent	You sabi dey *chop bottle*?
Chop bullet:	Get shot	Dat man *chop bullet* and die
Chop life:	Enjoy life	Oga dey *chop life* o!
Chop money:	Monthly or weekly house keeping allowance	Give your children *chop money* o!

Chop mouth:	Kissing	Dis guy like to *chop mouth* with other girls
Chop-remain:	Leftovers of meal	No come give wetin you *chop remain*
Christmas goat:	Used for sweats excessively	See how you dey sweat laik *Christmas goat*
Chuk:	1) Prick 2) Stab	The thing dey *chuk* am well well Why you *chuk* me naif?
Chuk body put:	1)Squeeze into tight corner 2) Getting involved with other peoples buisness	Make una *chuk body put* inside the car You fit *chuk body put* for business
Chuku-chuku:	Thorny	Dis one na *chuku chuku grass*
Ciga:	Cigarette	Abeg buy me *ciga*
Clear:	1) Leave 2) Malicious sliding tackle during a football game? 3) Finish large meal	Make you *clear* commot See as them dey *clear* leg, abi na fight Di guy *clear* the Eba finis o!
Close eye:	Grin and bear it	*Close eye* drink dat medicine o jare

Close marking:	Following spouse to every social event for fear of husband or wife snatchers	Your husband sabi *close marking* to much
Cock-shoe:	Any low cut ladies' shoe not bearing laces	I like dat girl *cock-shoe*
Coke and Fanta:	Derisory term used to describe the mottled complexion of one who uses skin bleaching products especially females	Dat lady skin na *coke n fanta*
Come chop:	Small party (See Arrangee)	Na come *chop party* we do
Comot:	1) Go out 2) Get away! 3) Excuse me	Carry am *comot* o! *Comot* for here jo! C*omot* road make I pass.
Comot for road:	Make way or Get away!	Make una *comot for road* cos of trailer
Compin:	Company	Na your *compin* be dis?
Compound:	Fenced off house, bungalow or groups of huts	I like ya *compound*
Condemn:	Spoilt beyond repair	See how she juss

		condemn the moto
Condition make crayfish bend:	Saying used when one is forced to do the unthinkable due to prevailing poor financial circumstances	If no bi say *na condition make crayfish bend o!* dat man for no die
Confido:	Confidence	The boy get *confido* well well
Confra:	University Campus Fraternity (See Cult Guy)	Those boys be *confra* members
Congo-meat:	Cooked snail	Na *congo-meat* be dis?
Coolee:	1) Relaxed 2) Cool or Chill	Find somewhere go *coolee* Abeg make you *coolee* small
Coolu-down:	Calm down	You need to *coolu down* ya temper
Coolu temper:	1) Control your temper! 2) Title of song by Nigerian saxophonist Lagbaja	Bros make you *coolu temper*
Corner-corner:	Illegal	Na *corner-corner* business bi dat o!
Corofo:	Army recruit	See *corofo* as dem plenty
Coror:	A dark corner	Na *coror* be dat place

Corporate begging:	High class begging e.g. A rich man or business with cash flow problems begging for loans	Dat one na *corporate begging* o!
Correct:	Very good	Di man na *correct* person
Correct Correct:	Extremely good	You *correct correct* well
Cortex:	Nail varnish	Buy me *cortex* come
Cortina:	Type of school sandals	Buy ya kids *Cortina* to school
Count:	Afford as you stand so?	You fit *count* Twenty thousand now now
Country paper:	1) Passport 2) Right of abode in foreign country	Show me ya *country paper* You get *country paper* for another country
Court:	Rallying cry for everyone in a public building to rise and leave. Usually done to embarrass speaker or performer on University campuses	Na student union *court* be dat
Cover beer:	Aluminium beer bottle cover	Dat one na *cover beer*
Cost:	Expensive (See also Too cost)	Dat thing too *cost*

Crape:	1)Defraud completely 2) Finish (food) completely (See Level)	He don *crape* all my money See as the boy *crape* the food plate sef
Crash helmet:	Prominent forehead (Also Opun)	Na wa for dis ya *crash helmet*
Craw-craw:	Skin ailment especially rashes	You don contact *craw-craw*
Craze:	Crazy	Abi, you don dey *craze* ?
Cross leg:	Idleness	See as e *cross leg* dey wait awoof
Cruise:	Use excessively	Bros make you *cruise* am well o!
Cry blood:	Threat	You go *cry blood* today today
Cry-cry:	Cry baby	You don turn *cry-cry* baby
Cry dey call you:	Threat to a child before a smacking (See Trouble dey call you)	I see say na *cry dey call ya child* so, make you beat am well well

Cross no gutter:	Tight and long skirt it would be difficult to skip across gutter	Dis ya skirt na *cross no gutter*
CU:	1) Christian Union 2) Born again Christian	All dem be members of our school *CU*
Cubes:	Sugar cubes	Abeg give me some *cubes*
Cult guy:	One belonging to secret societies,nocturnal fraternities or clubs especially in higher institutions	Na *cult guy* be those boys
Cuni:	Contraction of cunning. Also Cunny or Cuni-cuni (See Wayo)	Na *cuni-cuni* dey worry am
Cuni man die cuni man bury am:	An idiomatic expression, meaning 'What you sow is what you reap'	Na true you talk say, *cuni man die cuni man bury am o!*
Cut:	Share of the loot. Usually when it involves a bribe	Make una give me my own *cut*
Cut and sew:	A man or woman tailor moving around to find people to sew patches of cloth torn (See Obioma or Mobile tailor)	Abeg call me dat *cut and sew*

D		
Dabaru:	Spoil	No go *dabaru* their association o!
Dada:	Dread locks (Also called Bob Marley)	Na *dada* hair you want wear now?
Damn:	To rudely cut short someone who is speaking (See also Idanminashon)	Make you no *damn* your sister again
Dance blues:	Slow dance with couple in each other's arms (Also Hold tight)	Make una *dance blues* for party o!
Danfo:	Combi bus	Stop dat *danfo* for me
Dash:	Gift or Bribe	Abeg *dash* am small money
Dat:	That	Na *dat* one I want
Dat na question:	Rebuffto a silly question	You think say *dat na question?*
Dat one na grammar:	That is not practical	You think *dat one na grammar* so?

Deck:	1) Dress very well 2) Punch someone 3)To sit down relaxed	Di bobo *deck* o, ah-ah. I go *deck* your face o! See e *deck* for chair laik na im get am
Decks:	Fine clothes. Also called Deckeez (See Baffs)	I like ya *decks*
Declare:	1) Pay for a round of drinks 2) Buy new item	Oga make you *declare* for boys o! Di guy don *declare* new jeep o!
Dem:	Them or They	Na *dem* o!
Dem-dem:	A group ofpeople with an affiliation such as students or soldiers	Na *dem-dem* be dat
Dem no born you reach:	Threat or dare meaning "Don't even think about it"	I swear, *dem no born you reach*
Dem no send me message:	I will not get involved	Well, *dem no send me message*, no be my business sef

Dem send you?:	Have you been sent to torment me?	Guy, abi *dem send you* to trouble me?
Denge:	Strike a fine pose or swagg	You just dey *denge* for dat picture
Dey:	1) Is 2) Location 3) Stance in the matter 4) In existence 5) Spectacular	Wetin *dey* happen Na where you *dey* Which one you *dey* sef Dat car *dey* well-well Your dress *dey* well
Dey go:	Keep on going	Make una *dey go* first
Dey laik Dele:	(Dele is a Yoruba name) 1) I am barely surviving 2) Being idle (Also - Standing like Standard Bank,Looking like Lucozade)	Man juss *Dey laik Dele* You juss *dey* there *laik Dele*
Dey there now:	1) Keep on in self-deceit 2) It is there at present	No do like you *dey there now* Your pikin *dey there now*
Deshine:	Public humiliation	Make you no *deshine* her like dat
Di:	The	Na *di* boy be dat

Di thing wey mai eye see, mai mouth no fit talk am	Words fail me to express myself or situation at hand	*Di truth be say di thing wey mai eye see, mai mouth no fit talk am*
Dia:	1)Their 2) Dear or expensive	I keep am for *dia* now Dat moto too *dia*
Die for Love:	To be in love	No *die for love* with dat ashewo girl o!.
Different eye:	Individual variations on interpreting what is seen	We all dey see with *different eyes*
Different different:	Assorted	Na *different different* kind of fish dey inside dat soup
Dig am out:	Fight	We two go *dig* am out
Diopka:	Elderly wise one	You be our *diopka* for here now
Dis:	This	Na di man be *dis*
Dishi:	Embarrass (See Deshine)	You juss *dish* your brother for di party
Do:	1)Participate 2) Afflicting one's health	I no *do* again Wetin dey *do* am?
Do anyhow:	Unruly	You juss dey *do anyhow*

Do betta:	Show us the colour of your money (See Shake bodi)	Oga, well done, you *do betta*
Do quick:	Hurry up!	Abeg *do quick* meet me for road
Do river:	Well done (Joke using the word river as opposed to well)	Oga, thanx you *do river* over dis matter
Do well:	Well done	You *do well*
Dodo:	Fried plantain	Abeg, buy me *dodo* when you travel
Dodge:	1) Avoiding someone	Make sure say you *dodge* am for dat party o!
	2) Escape	Man juss *dodge* comot
Doing laik dis:	Acting this way	Why are you *doing laik dis* now?
Don:	1) Has	E' *don* come
	2) Has it?	E' *don* come?
	3) Have	I *don* tell am (Present Tense)
	4) Have	I *don* been tell am (Past tense)
Don run:	Has ran away	The thief *don run* away

Donatus:	(Derisory) One in habit of giving their services to others for free (Derived from- donate)	Hear me well, I no be *donatus* o!
Done:	Cooked	Yua own food *done*?
Dormot:	1) Door mat 2) Area in front of maindoor to house	Where u keep my *dormot*? No come sit for my *dormot* o!
Dorti-dorti:	Garbage	No put *dorti* for here again
Dorti slap:	Hard slap across the face	Shut up! Otherwise I give you *dorti slap (dirty slap)*
Doz bin:	Garbage can	My belle no be *doz bin*
Drain duck:	Cleaners employed by Lagos state government to clean unblock public gutters	Na those ones be *drain duck* government employ to work
Draiv:	Drive or Chase away	Abeg *draiv* those birds
Draiva:	Driver	Call me my *draiva*
Draw:	Slimy	Di Okra soup *draw* well well
Draw bodi back:	Withdraw	Try *draw bodi back sef*

Draw my throat:	1) Stimulate my appetite 2) Entice me	Dis soup dey *draw my throat* You no fit draw my throat with lies
Draw rain:	Make an empty boast (Also Rake and Shakara)	You sabi *draw rain* with your mouth
Draw soup:	Slimy soup usually containing Okra	Mama give me *draw soup*
Dress:	1) Any kind of clothing 2) Move your butt	You fit wear the *dress* wey you get Madam *dress*, make I sit well
Drink garri:	1) In trouble 2) Meal of garri and water (See Soak garri)	You go *drink garri* today Na *gari n water* u go chop
Drop:	1) A taxi journey 2) To alight from a bus 3) Pay up 4) Monetary bribe	Oga, na fifty Naira per *drop* Driver *drop* me for front road Abeg try *drop* your balance quick Make you *drop* for the staffs to get the job
Dry:	1) Slim person 2) Boring	See dis *dry* girl Dis your story too *dry*
Dub:	1) Make extra copy of music tape 2) Copy neighbour's work	Abeg *dub* me dat your song Dat boy too *dub* my

	during examination	answers during exam
Dudu:	Dark skinned person	All una family na *dudu*
Dundi:	Fool	You dey do like *dundi*
E		
E:	1) He 2) She 3) It	*E'* dey come *E'* dey go *E'* dey on top table
E Dey hard:	It is a rarity	*E dey hard* make Saturday night meet am for house
E don do:	It is enough	Thank you, *e' don do*
Eagles:	See Super Eagles	Up *eagles*!
Eba:	Meal made with garri and hot water. Usually eaten with soup with bare fingers of right hand. (See Garri)	Madam give me *eba* make I chop
Econs:	Stingy (See Tight hand)	Na me you dey do *econs* for
Edikang Ikong:	TraditionalEfik soup made with beef, stock fish, snails, crayfish, periwinkle, peppers, pumpkinleaves and onions. Usually served with pounded yam or Fufu. Folklore has it that when an Efik maiden prepares this dish for a man, she steals his heart away.	Buy me *edikang ikong* for calabar kitchen

Effa:	Ever	No be for *effa* he travel o!
Efritin:	Everything	No be *efritin* you suppose eat
Egbe:	Fool	You be *egbe*
Ego:	Money (See Kudi)	Abeg give me some *ego*
Egunje:	Bribe	Too much *egunje* dey spoil politics
Eh:	What!	*Eh!* Wetin be dat
Eh-eh:	1) No 2) Not at all	*Eh-eh*, I no want again Eh-eh, thank you too
Eh-yah:	Sorry or What a pity	*Eh-yah* no vex cos I no come
Ehen:	1) So what? 2) Is that so	*E hen'* so wetin dem talk *E hen,* you sure?
Eja:	Indian Hemp or heroine (See Igbo)	You go smoke *eja now*
Ejika ni shop:	Tailor walking on the streetwith his portable sewingmachine on his shoulder (*Ejika ni* is Yoruba word for "shoulder is"). (See Obioma)	Call me dat *ejika ni shop*
Enjoi:	Enjoy	Make you *enjoi* your food

Eko:	Lagos	I dey go *eko*
Eniwe:	Anyway	*Eniwe*, make you remember your family
Enta:	Enter	Abeg *enta* cos I dey drive go
Enta road:	1) Get out of control 2) Drive car into the streets	Your dog go soon *enta road* Dem don drive di car *enta road*
Enta market:	Go crazy	Dem swear for you to *enta market*
Enta trouble:	Get into trouble	Abi you wan *enta trouble*
Esusu:	Thrift societywhere members contributea monthly sum into a potand then take turns incollecting the total sum. (Also-Moni of by turn - by turn)	Una dey do *esusu* collection also?
Essenco:	Abbreviation for term 'essential commodities'i.e. Milk, Sugar, and Salt	Na *essenco* be dis items
Ethiopia water:	Alcohol drink	He be like say u drink *Ethiopia water*

Every- everyday:	Daily	Na every-everyday you dey go there
Ewa:	Beans	I go chop *ewa*
Ewa Agoyin:	A kind of beans prepared by Agoyin women in Lagos	Na how much be *ewa agoyin?*
Expo:	Leaked examination question paper	Dem say *expo* dey for dis exam
Eye glass:	Spectacles	Dis *eye glass* too big
Eye go come down:	Come back to reality	Very soon ya *eye go come back*
F		
Fabu:	Unlikely tale or a fabricated Tale	Dat one na *fabu* you dey talk
Fa fa fa foul:	That is totally not true	*Fa fa fa foul*! We no gree o!
Face to face:	Rooms rented to families which all open onto a long corridor (Also Room and parlour)	Na *face to face* house una dey stay
Face yua front:	Face forward	Abeg *face ya front*
Fada:	Father	Na you be their fada?
Fap:	Steal (Also Tap or Tapping)	Those boys too dey *fap* biro

Fashie:	Ignore or Forget	Make you *fashie* dat matter
Faya:	Fire	Na *faya* burn am for face
Feferity:	Showing off or Pretending to be classy	You too like *feferity*
Fiam:	At lightning speed	See as the car overtake us *fiam*
Fillage:	Village	Na *fillage* dem go
Fine fine:	Extremely well	I dey *fine fine*
Free cinema:	1) Public fight especially one in which clothes are torn off 2) See through or transparent clothes	Those girls give us *free cinema* Na *free cinema* dress you wear
Find me something:	Give me a bribe (See Kola)	Oga make you *find me something*
Find my mouth:	To extract a comment unduly from someone	Na me you wan *find my mouth*
Find my trouble:	Get on one'snerves	You like to dey *find my trouble*
Fine:	1) Beautiful person or object 2) Alright	Na *fine* girl you be o! I dey *fine*

Fine boy connection:	Handsome lad	Na *fine boy connection* you dey do
Fi si:	Extra or top up (See Jara)	Abeg put *fi si* for me
Fit:	Possess ability to carry out task	You *fit* do wetin he want
Fly:	1) Jump across a fence 2) Jump across open drainage gutter	The tief *fly* di fence fiam! No fly over the gutter cos u fit break yua leg
Fly your polo:	Wear shirt with collar turned up (Also- Fly your shirt)	Abeg make you no *fly your polo* o
FOC:	Free of charge	Na *FOC* food you wan chop
Follow fight:	Fight with	Make you no *follow fight* dem
Follow-follow:	One easily lead	Na *follow-follow* you be now o!
Follow laugh:	Laugh with	Abeg make una *follow laugh*
Follow play:	Play with or Joke with someone	I bi yua age wey you wan dey *follow mi Play?*
Fone e':	Derived from Phonetics To speak in a foreign accent	Why you dey blow *fone e'?*
Food is ready:	Wording of sign placed in front of local restaurant	Na *food is ready* sign be dat

Footwagen:	Act of goingeverywhere on foot (See Legedes Benz)	Na *footwagen* you dey use
For:	1) From 2) At	Comot *for* road Na *for* Tombo bar I see di booze man
Forbid:	Have an aversion for certain foods	I dey *forbid* goat meat on Sundays
For life:	No chance in a million! (See lai-lai)	You no fit do am *for life*
For where!:	Impossible	*For where*! Dat one no go happen
Form fool:	Fool around	Make you *form fool* for dem sef
Foto:	Photograph	Make you snap me nice *foto*
Four-o-four:	Cooked dog meat	Buy me *404* for dat canteen
Four one nine(419):	Advance fraud	Na *419* dem do am for dat business
Fren:	Friend	Na him be your *fren*
Fren-fren:	Favouritism	Una like *fren-fren* too much
Front:	Presence	Na so he talk dat nonsense for mai *front*

Fufu:	Dough like meal made from hot water and either cassava or plaintain flour. Usually served with soup	Mama give me *fufu* make I chop
Fun won ton:	Give dem finish or Dress very well	Dat ya dress na *fun won ton*
Full ground remain:	Excess	Na so food *full ground remain* for there
G		
Gallop:	Pot holes in road	Drive careful make you no enta *gallop* o!
Garium Sulphate:	Garri (pseudo chemical composition) of Gari) Dried cassava flour	You like to dey drink *garri* too much
Garuwa:	Private business (meaning mind your own business)	Everybodi carry im *Garuwa*
Gather:	To be muscular	See how the man *gather*
Gauge:	Bellyful	I don chop reach *gauge*
Gbagbati:	Excessive display	Dis your *gbagbati* too much
Gbagbe:	Forget that one or accept one's fate	Bros make you *gbagbe* for now
Gbaladun:	Enjoyment	Una dey *gbaladun* for here
Gbana:	Marijuana (See Igbo)	He be like you smoke *gbana*

Gba summer:	Enjoy	Oga make we *gba summer* small with you
Gba winter:	Suffer or Loneliness	Boys juss dey *gba winter* for here
Gbanjo:	Cheap market sale	Na *gbanjo* wrist watch you buy
Gbedu:	Rhythmic Afro beat sound or Loud sound system	Na correct *gbedu* be dat
Gbegiri soup:	Yoruba soup made from ground beansred capsicum, onions, tomatoes and palm oil. Served withAmala, Pounded Yam	I dey go chop *gbegiri soup* wit amala
Gbomogbomo:	Child snatcher usually for fetish use	Police don catch those *gbomogbomo*
Gbosa:	1)Loud explosion 2) Salute	You hear dat *gbosa* again? Oga, two *gbosa* for u, *gbosa, gbosa!*
Gboyen:	Fine girl	The man like *gboyen* too much
Georgio Amadi:	Second-hand cloths	All dis yua cloths na *georgio amadi*
Gerrout:	Get out of here	Make you *gerrout* now before I vex
Get:	1) To have or own 2) To understand	I no *get* shirt like dat I don *get* wetin you dey

		yarn
Get as e bi:	There's somethingodd about it	Dis story *get as e bi* sef
Get belle:	Get pregnant	Your wife don *get belle*
Get bodi:	Overweight	I see say you don *get bodi* now
Get gist:	Important information to tell	I *get gist* for you
Get head:	Sensible or Genuine	That deal no *get head* at all
Get mouth:	1)Eloquent or genius 2)Also means boastful	Oga! you get mouth o! Bros you too *get mouth*
Get road:	1)Right of way while driving 2)Delusions of grandeur	Na mi *get road* but e come enter my front See poor man dey waka as if na im *get road*
Get sense:	Intelligence	So you think say na you *get sense* pass?
Gettaway :	Go	Just *getaway* before I vex
Ghana must go:	Large woven red or blue plastic carrier bag which was used by Ghanaians when they fled Nigeria during a mass	Keep the load inside *Ghana-must-go*

	deportation exercise	
Giv am:	Give it to him or her	I say make you *giv' am*
Giddying:	Kissing	Una two dey *giddying* for road
Gi mi:	Give it to me	*Gi mi* my pen now
Giraffe:	Examinationmalpracticewhere the neck is stretchedto spy neighbour's work	Una like to *giraffe* during exam
Girls follow me:	Hair cutwith horizontal parting on back of head	Na *girls follow me* style you want?
Gism:	GSM phone	Hold your *gism* well o!
Gist:	Conversation or chat	Come make we *gist*
Give chance:	Excuse me! Or Get lost!	*Give chance* make I pass
Give dem finish:	Big entrance	Dis na *give dem finish* to enta yua house
Give raps:	Give out cigarette	*Give raps* to your people
Go:	Indicating intent (In present tense)	I *go* beat you o!
Go come:	See you when you get back	Make you *go come* first
Go come no dey:	No delay	*Go come no dey* for our work
Go here, go there:	Indecisive	Na wetin! *You go here, go there*
Gonosheen:	Gonorrhoea	You don catch *gonosheen* from sex
Go slow:	Traffic jam	*Go slow* too much for highway
God forbid:	God will not allow that to happen	*God forbid*, I no go die o!

God forbid bad thing:	God will not allow that to happen	*God forbid bad thing* for my life
Gorimapka:	Clean shaven head	Na *gorimapka* he barb
Grab:	Muscular	Dat man *grab* well o!
Grabeez:	Big muscles	Dis ya *grabeez* na wa o !
Gra-gra:	Overactive or Aggressive	You too dey do *gra-gra* for nothing
Gree:	Agree	Tell me if u *gree* our terms
Gree yua own:	Agree with you	The bobo *gree yua own* o!
Ground no level:	I don't have enough money	Today *ground no level* o!
Gulder:	Brand of Nigerian beer	*Gulder* na for big boys
Guud:	Good	He *guud* so as u talk
Guguru:	Pop corn	Una dey sell *guguru*
Guyman:	Man about town	Your brother na *guyman* o!
Guy name:	Trendy nickname	Wetin be your *guyname*?
Guy way:	Acting cool	Na *guyway* be dat
Gwaince:	To eat	Bros come make we *gwaince* together
H		
Haba:	Good grief!	*Haba*! You do your wife bad o!

Hail:	Cheer someone	Oga! I dey *hail* o!
Hala:	1)Raise one's voice 2) Greet	You just dey *hala* like you fit fight I just want *hala* you on phone
Handz up:	Put your hands above your head	Na so the police tell dem *handz up*
Han lele:	Start marching or going away	*Han lele!* find your way
Hamma':	Sudden jackpot of money	Bros e' I don *hamma'*
Harmattan:	Dry and dusty winds blowing during the dry season 2) Financial hardship	*Harmattan* too much dis season Na serious *harmattan* dey boys pocket
Haus:	House	Make una go *haus*
Haysobay:	Wake up call to action and Rallying cry. Used to psyche up people who then respond by shouting **Hey!**	Na so dem say *haysobey* till dem pass
Head:	On your account	Why you wan dey chop credit for mai *head?*
Head no correct:	Mad (See Craze)	Why you dress laik yua *head no correct*

Hear:	Comprehend what is being said	You dey *hear* wetin I say so?
Hear di smell:	Smell the aroma	Bros you *hear di smell* of the food so?
Hear word:	Obey instruction	You no dey *hear word*
Heart cut:	Frightened	See as you make my *heart cut,*when you enter
Heavy men:	Tough guy	Dat man na *heavy man*
Highway manager:	Public cleaner of major roads in Lagos	Na dem be *highway manager*
Hiss:	Sound emitted while sucking ones teeth, usually done to insult someone	Na me you dey *hiss* for
Hold belle:	Prevent hunger cook	Abeg take dis chin-chin *hold belle* till we cook
Hold this one for hand:	Take this monetary gift	Make you *hold dis one for hand*
Hold-up:	Traffic jam	*Hold-up* too much for road
Holy-holy:	False holiness practice by so-called religious persons	Dis *holy-holy* you dey do no good o!
Home delivery:	Girl sent off to meet husband for first time following arranged marriage	Na *home delivery* dem wan do am
Home training:	Well brought up or trained to have good manners	You no get *home training*

Hot drink:	Alcoholic beverages	Make dem give you *hot drink*
How bodi:	How are you?	Bros *how bodi?*
How dey go dey go:	How are things with you? Or How are things going?	Oga, *how dey go dey go?*
How e bi:	How is it?	Na *how e bi* now?
How for do:	How are we going to do it?	If no be God, *how we for do?*
How I go do:	What am I supposed to do?	So now, *how I go do?*
How manage:	How did it happen?	Bros, tell me, how manage?
How now:	How are you? (See How bodi)	*How now?*
How pepper for ya side:	How are you financially?	Tell me, *how pepper for ya side?*
How you dey? :	How are you?	Bros how you dey?
Hungri:	1) Hunger 2) Strong desire for something 3) Poor	Mama I dey hungry o! New moto dey *hungri* me Look im Byah byah laik *hungri* man own
Hungry man:	Poor man	*Hungry man* na angry man o!
Hyper-jack:	Read too much	My friend you dey *hyper-jack*
I		
I beg:	Please(See Abeg)	*I beg* you, keep am secret
I dey:	I am fine	Tell am say, *I dey*
I dey fear you o!:	I am afraid of you	Oga, na bicos, *I dey fear you o!*

I dey H' :	I am hungry	Mama I dey H'
I don die:	I'm finished!	Eh! *I don die*, wetin I go do
I never see am:	Am yet to see it	*I never see am* as you talk but I go think am again
I no get yua time:	I have no time for you	Now *I no get yua time*, see me later
I think so:	I thought so	Na bicos say *I think* so
Iacon:	Air conditioner	Abeg off the *iacon* o!
Iapot:	Air port	He don reach *iapot*
Ibeji:	Twins	Mama na *ibeji* she born o!
Ikebe:	Bottom (See Yarnsh)	Dis girls dem get big-big *ikebe*
Ikpekere:	Fried unripe plantain chips. See Dodo	Buy me *ikpekere* for road
Igbo:	1) People belonging to the Eastern part of Nigeria 2) Language spoken by the Igbo people of Eastern Nigeria 3) Indian Hemp	Dat man na real *Igbo* man Oga sabi speak *igbo* well well He be like dem give u *igbo* smoke

Iyama:	1) Filthy! 2) Yuck!	*Iyama* dis room dey smell Dis na *Iyama,* I no want
Innocenti:	1) Guiltless 2) Chastity(Also see Jeje)	Na *innocenti* be dis guy o! Ya brother na Mr *Innocenti*
Inside inside:	Deep in the interior	The *inside inside* fine o!
Isiewu:	Igbo soup made from goat's head (including the mashed brain), vegetables, palm oil and potash. Served as a starter	Ask if dem get *isiewu*
Isu:	Yam	Abeg make you cook *Isu* for me
ITK:	I too know. One who thinks they know everything	Na *ITK* be your problem
Ivinin:	Evening	See me tomorrow *ivining*
J		
Ja:	Run away	Make you *ja* before dem catch you
Jab:	Profession or Place of work	Na wetin be yua *jab*?
Jack:	Read seriously especially for examination	Make sure you *jack for this exam*
Jaga-jaga:	Haphazard	You just dey do everything *jaga-jaga*

Jaki:	Very hardworker	Una be correct *jaki* for dis company
Jaku-jaku:	Carelessly put together	Na *jaku-jaku* work be dis
Jagbajantis:	Nonsense	All dat one na *jagbajantis*
Jaguda:	Crook	Avoid all dis *jaguda* as friends
Jam:	Collision or meet up someone	I *jam* dat girl for your party
Jam bodi:	Rough bodily contact	Dem *jam bodi* before fight start
Jambito:	Fresh student in University	Dem all be *jambito* wey go the party
Jand:	London	De boy don travel go *jand* yesterday
Jankara:	Market for fake products	Na *jankara* you buy dis cloths
Janglova:	Playground swing for kids	Make una go *janglova* play
Jara:	Extra or top up	Mama give me *jara* for dis food
Jare:	Expression to stop	E' don do *jare*
Jazz:	Nonsense	O' boy why you dey talk *jazz* laik dat
Jedi-jedi:	Piles	Na *jedi-jedi* dey worry am
Jeje:	Gentle and Polite act or person	Love me *jeje,* Love me tender
Jejeli:	Adverb of Jeje meaning Gently	Abeg fuck me *jejeli* make I no bleed

Jibiti /(419):	Fraudster (Also known as 419)	Na *jibiti* be your work now? All you wan dey do now na *419/jibiti*
Jiga:	Parasitic worm infestation on legs or foot such as Guinea worm (See Baba Jiga)	Na *jiga* dey do am for leg
Jim-jim:	Over zealous	Call those *jim-jim* prayer warriors to pray for you
Jin jin jin:	Party	We dey go *jin jin jin*
Jinta:	Crook	U don turn *jinta* finish
J.J.C:	Johnny Just Come (Slang to denote a Novice)	Dis boy na *JJC* im be sef
Jo:	Please; Yoruba word	Bros *jo* bring me dat cup
Jogba:	Gambling	Na *jogba* you dey use money for
Join bodi:	Romance a lady	Make you *join bodi* with yua wife regularly
Joke no jell:	This is no longer funny!	Dis yua *joke no jell*, tell us another
Jollof rice:	Paella like dish of rice made with tomatoes, peppers and spices. A Nigerian party dish.	Na *jollof* rice we chop for the party

Joint:	Watering hole where food and drinks are sold	Make we meet for my *joint*
Jugunu:	Rough neck	Dis yua jugunu no good o!
Juju:	Black magic	Na me una wan do *juju*
Jump up:	Trousers not reaching ground	No come my place with your *jump up* o!
June 12:	Date election result was annulled in Nigeria. It's used to imply Fraud	All the business he do na *June 12*
Jungle city:	A slum part of Lagos (a.k.a Ajejunle)	Na *Jungle city* you dey live
Juss:	Just	*Juss* try call now
Juss dey patch am:	Just surviving	We *juss dey patch am* small small
K		
K-leg:	1) Knock-knees 2) Unexpected complications in a situation 3) Unexpected problems	Dis yua girl get *K-leg* sef The matter don get *K-leg* *K-leg* don enta im business
Kabu-kabu:	Special car hire or taxis	Na *kabu-kabu* we use come

Kack:	Dress well	Madam *kack* come office today
Kai-kai:	Home made gin (See Apketeshi)	He be like you drink *kai-kai* for house
Kain:	Have sex with a lady	I go *kain* yua sister next time she visit me
Keke Marwa:	Name given to a tri-cycle used as Taxi in Lagos (a.k.a KeKe Napep)	Dem get *keke-marwa* for abroad too
Kakaraka:	Strong and stiff	The stork fish bodi strong *Kakaraka* laik say dem never cook am
Kalakuta:	House of the late Fela Anikulapo Kuti, which was burnt down by soldiers	Make we meet for *kalakuta*
Kalo-kalo:	Amusement arcade game machines	Follow me go play *kalo-kalo*
Kampala:	Kind of African print fabric thought to have originated in the city of the same name the capital of Uganda. Also called Ankara	Una get *kampala* for shop
Kampke:	Completely at ease and at	I dey *kampke*, no shaking!
Kanda:	Hide & Skin of goat	Na correct *kanda* be dis
Kari:	Carry	See as you *kari* load for head
Kashi:	Gambling especially	You too like *kasha* with cards
Kata-kata:	Commotion	If *kata-kata* happen una go leave me

Kaun:	Potash	Put *kaun* for soup you dey cook
Keep Lagos clean:	Large bell bottomed trousers that drags on the floor (See Labu Labu)	Guy,dis yua trouser na *keep Lagos clean*
Kekere:	Small(Yoruba word)	Na yua *kekere* son scatter here
Khaki bois:	The Army or soldiers	You see *khaki bois* for road
Khaki no bi leather:	1) Things are getting very tough 2) Threat to someone telling him that - More trouble than bargained for is on the way	Dis days *khaki no be leather* for dis house After I beat, you go see say *khaki no be leather*
Kia-kia:	Quick-quick	Make you eat kia-kia bicos of time
Kick moto:	Turn car engine on	Make you *kick moto* comot here
Ki lo de:	What is wrong? (Yoruba phrase)	Madam, ki lo de? You look sad
Ki lon' haps :	Whazuuppp?	People *ki lon haps!*
Kill and divide:	Usually refers to corruption among public officers	Dis politicians like to *kill and divide* too much
Kiri-kiri:	Prison	Dem carry those thiefs go *Kiri-kiri*
Kishi:	Money	How come *kishi* no dey your hand today
Know book:	Literate and Intelligent	Dis boy *know book* well well
Kobo:	Nigerian coin (100 kobo= 1 Naira)	We no dey use *kobo* again for naija

Kobo-leg:	Bow leg	Dis your *kobo-leg* no make you fine
Kola:	Bribe	Abeg give those Police *Kola* make we dem allow us pass
Kolo:	Crazy	I see say you dey *kolo* small small
Kolo-mental:	Outright madness	Dem say na so di man too bicome *kolomentalo*!
Kondishon:	Condition	Na *kondishon* make crayfish bend o!
Korodoome:	Large vessel for storing water	Put dat *korodome* outside for me
Korofo:	War fighting soldiers	As *korofo* dem land the place, na so I dissappear
Koro-koro:	Very clear vision	Na with mai two eye *korokoro,* I see dem fight
Kudi:	Money (See Ego or Kule le)	Guy, *kudi* no dey today
Kuk:	To be given protective charms by witch doctor	Witchdoctor don *kuk* the thief well well
Kuku:	Word placed in sentence for emphasis	I no *Kuku* sabi am, (meaning I really don't know him)
Kule lele:	Money	Abeg give me *kule lele*
Kulikuli:	Small fried balls	I like to chop *kulikuli*
Kunu:	Refreshing Nigeria drink made made from Sorghum or millet	Buy me *Kunu* when you travel
L		
Labu-labu:	Bell bottomed-trouser for males	No follw me with your *labu-labu* trouser o!
Lahila-Hilalau:	Oh gosh!	*Lahila-Hilalau*! The dog don die

Lai lai:	Not in a million years	I swear *lai-lai,* no be me steal your food
Lait:	Electricity light	PHCN/UMEME don comot *lait* again
Lakuli:	Oh my word	*Lakuli!* You no dey fear
Lama:	Cow	Dis one na correct *Lama*
Land:	Arrive	Oga son don *land*
Land you slap:	Threat meaning I will slap you	I go *land you slap* o!
Langa Throat:	Greed or covetuosness	Dat boy get *Langa throat* too much
Lanko:	Guinness stout drink(Also called Odeku)	Una get *lanko* for bar
Lap:	Carry someone on your laps during ride in a car or bus.	Make una *lap* una self inside the car
Lasu:	Lagos State University	We be student of *LASU*
Last year tori:	Old news	Dat one na *last year tori*
Launch:	Use newly brought item for first time	Papa don *launch* im new car
Learn work:	Do apprentice	I see say you still dey *learn work* sef
Leg no dey comot:	Someone who seems to always be present at places necessary. Also used for an Introvert	Dat bobo *leg no dey comot* church
Leg no dey stay house:	One who goes out too much (See also Waka about and Waka waka) Also used for an Extrovert	That boy *leg no dey stay house* at all o! Dis one na *leg no dey stay house*
Leg no dey stay one place:	Restless or Constantly moving about	He be like say your *leg no dey stay one place*
Legedis Benz:	Denotes one without a car who 'legs it' everywhere or treks	Dat guy sabi use *legedis-benz*

Leke leke:	Type of bird Egret	Na *leke leke* dey fly so
Lepa Shandy	Slim (skinny) girl	You like *lepa shandy* too much
Let my people go:	Result that is barely above the pass mark in examination e.g an E grade or a Third Class degree from University in Nigeria	Dem give dem *let my people go* for dat exam sef
Level:	Eat and finish a substantial amount of food	See as e *level* di eba
Like play like play:	Before you knew it. (Also - No do, no do)	*Like play,like play* she don get belle (pregnant)
Listen well well:	Pay good attention	Make you *listen well well* to Papa advice
Load:	Eat too much	E juss *load* poundi finis come dey ask for eba
Local champion:	A Provincial Super star	Abeg make you no end as *local champion*
Lookery:	Looking at things one's eyes are not supposed to see	You too dey do *lookery*
Long leg:	Well connected	Na *long leg* he use enta dat school
Long throat:	Greed (Also Langa throat)	Na *long throat* be your problem
Love in Tokyo:	Excessive public show of affection by couple	Una go do *love in Tokyo* after una wedding

M

Machine:	Motor cycle (See Okada)	Abeg call me dat *machine*
Madam Kofo:	Lady with large head-scarf	You dey do *madam kofo* now

Made in England:	Eat food and lick plate clean till Logo at the bottom of plate is visible	Those boys dey do *made in England*
Magani:	Hausa tribe of Native aphrodisiac/ viagra	E' be like you use *magani* fuck dat girl
Mago-mago:	Illegal deal	You too like *mago-mago* business
Magun:	Spell put on woman said to kill her partner if involved in adulterous relationship	Dat man put *magun* for im wife body
Mai:	My	Commot *mai* front
Make:	1) Made 2) Should I? 3) Let me 4) Parade one's self	Wetin *make* am sick Wetin *make* I do? *Make* I warn you o! E juss dey *make* up and down
Make eye:	Wink	You suppose *make eye* for the girl
Make mouth:	Boast	You too dey *make mouth*
Make yeye:	1)Make fun 2)Misbehave	You sabi *make yeye* of someone Abeg, no come here *make yeye* again
Make I hear word:	Shut up	Abeg, *make I hear word*
Make I see road:	Get out of my face	Abeg, *make I see road*
Malu:	Cow or foolish person	See as you dey look like *malu*
Mama dash me:	Hand me down clothes from a lady	Dat dress she wear na *mama dash me*
Mama-put:	Road side food seller so called because customers frequently	Abeg, make you stop for *mama-put* buy me food

	stop-by to eat	
Mammar:	Hit	I go *mammer* you bottle
Mammy wagon:	Wooden construction on the chassis of a lorry for carry passengers	All of una sit inside the *mammy wagon*
Mammy water:	Mermaid	Dem see *mammy water* for the beach
Man:	Myself	*Man* dey hungry too much
Man picken:	Me	*Man picken* need to make money o!
Man no die, man no rotten:	I am barely surviving	Oga, *man no die, man no rotten*, Hallelujah!
Manage:	Make do with second best	We juss dey *manage* the money since
Many leg:	Complications	Dat business don get *Many leg*
Mash:	Trample upon	*Mash* am with your foot
Mate:	Age group or Same social class	Which day we become *mate*?
Matric gown:	Matriculation gown	Make you too wear *matric gown*
Mayguard:	Night watch man	Una no get *mayguard* for house
Mede-mede:	Salads or Foreign cuisine	Una get *mede-mede* make I chop
Megida:	Hausa word meaning Big man. (Also see Oga)	Na dat *megida* give am
Mental o':	Going crazy	He bi like you don dey *mental* o!
Me shio nu:	Shut up (It Is an Igbo word)	*Meshio nu,* let Papa talk

Mescaform:	Mess up	Oh! Boy, why you kon dey *mescaform* now?
Mess:	Fart. See Pollute	Dem too dey *mess* for dat class
Miliki:	Enjoyment	I see say una dey *miliki*
Minerals:	Soft drinks	Buy me *minerals* to drink
Mind tell me:	Intuition	Na my *mind tell me* to come sef
Mister man:	Hey you!	*Mister man*, where you dey go
Moin moin:	Steamed cake of ground black eyed beans containing pepper, bits of fish or corned beef. Also spelt Moyin moyin	Make you buy *moin-moin* eat today
Money for hand:	No credit	Make una hold *money for hand* come
Money make iron float:	It is an idiomatic expression, means it cost money to do anything outstanding	Na true, bicos na *money make iron float*
Money miss road:	Nouveau riche throwing money around	Dis one na *money miss road* child
Money yab man:	Condition where desires can't be accomplished due to financial constraints	Na *money yab man* stay like dat
Moni:	Money	Abeg borrow me *moni* make I use travel
Monkey coat:	Fanciful waistcoat	I like dis your *monkey coat* o!
Monkey dey work babon dey chop:	The workers don't partake of the	Dis company work *na monkey dey work babon dey chop*
Moro-moro:	Clean-shaven head (Also see Gorimapka)	Why you barb *moro-moro* come here?

Morning food:	Breakfast	Make una chop *morning food* first
Morning Sickness:	Early stages of pregnancy	Doctor say na *morning sickness* dey worry am
Morocco:	Indian hemp. (See Igbo)	You too dey smoke *morroco*
Moto:	Car	Papa don buy new *moto*
Mouth organ:	Cob of roasted or boiled corn.	Bring me dat *mouth organ*
Mugun:	Fool	You be big *mugun*
Mumu:	Fool (See Mugun)	You be *mumu* o!
Murd:	1) Die 2)Murder	Di Baba don *murd* o! See, if you touch mi I go *murd* you o!
My own don betta:	My good fortune has arrived	Make una join thank God, *my own don betta*
N		
Na:	It is	*Na* there I keep am
Na dat time:	That is the time	*Na dat time* I comot go yonder
Nada:	Nothing	I no go do *nada*
Na fight?	Rebuff to someone being unduly aggressive	Why you wan greet me, *Na fight*?
Na go bi dat?	Are you going?	Madam, *na go bi dat*?
Na im:	It is him	*Na im* do am like dat
Na one:	Exclusive or distinctive item	That Bobo Opon *na one*
Na im kwensh:	It is him that turn off light	*Na im kwensh* di light
Na so:	1) That is true 2) That is how	*Na so* dem talk am say be thief *Na so* e come dabaru everything

Na so o?	1) Is that how it is now? 2) Is that true?	*Na so* he be now? *Na so* he talk am?
Na so I see am o!:	That's the way it is	Bros, me sef *na so I see am o!*
Na una sabi:	That's your business not mine	See if any fuck up happen, *na you sabi*
Na wa :	It is surprise remark	*Na wa* o!
Na wetin?:	What is it? what happen	*Na wetin* kill di man so?
Na yawa don gas:	Trouble has happened	Oga, dem say *na yawa don gas*
Na you bico:	You the man please!	Oga, *na you bico* o!
Na you o!:	You are the man!	Dem say *na you o!*
Na you we dey look o:	We look up to you	Oga, *Na you we dey look o!*
Na yua eye bi dis?	Long time no see	Bros e' *na yua eye bi dis*
Naija:	Nigeria (Sometimes written as **9ja**)	*Naija* no go change
Nak:	Hit	Why you *nak* me for bodi laik dat now?
Natin:	Nothing	No do *natin* for am sef
Natin spoil:	Hey, no worries	Babe, *natin spoil,* we go make am
Native doctor:	Herbalist	Dem carry am go *native doctor*
Next tomorrow:	Day after tomorrow	See me *next tomorrow*
NFA:	No future ambition	Those boys be *NFA*
Ngwo ngwo:	Soup made from goat intestines, heart, liver, vegetables, onions and pepper. Served as a starter	Mama you dey sell *ngwo ngwo*
Nko?:	So what?	N*ko!*wetin he talk

No:	Did not	I give am chop e' *No* chop
No bi?:	Is it not?	I say *no bi* am bi dat
No be me and you:	Just count me out of that	*No be me and you* go travel there
No bi person:	Ungrateful person	Dat one *no bi* person
No bi classmate:	Not in the same category	We *no bi classmate*
No bi small:	A lot	E get money *no bi small*
No bi today:	It didn't start today	*No bi today* that man begin steal
No dey:	1. Not at home 2. Not available at the moment	Oga *no dey* house Tell dem say I *no dey* office
No dey stay one place:	Can't stay still or Adventurous person	Dis boy *no dey stay one place* at all
No dey take eye see:	Can't see without touching	Dat guy *no dey take eye see* woman
No do, no do:	Before I could say a word or Jack Robinson	*No do, no do* he don slap am
No get head:	Uninteresting	The matter *no get head* sef
No how no how:	One way or the other (See also - No do no do)	*No how no how,* he must to see im Papa
No go:	Don't go	I tell am make he *no go*
No know:	Not aware	Am sorry, na bicos say I *no know*
No know im sef:	One with exaggerated ideas about their true station in life	He be like the man *no know im self*
No let:	Do not allow	*No let* am come here again
No money for pocket:	Financially broke	Guy, *no money for pocket*
No size in London:	Very large size	Your leg na *no size in London*

No wan hear:	Refusing instruction or advice	The boy *no wan hear* advice
Notice me:	One desperately carving attention	Dis boy too like *notice me*
Now:	Placed at end of question for emphasis	Wetin dey do you *now*?
Number six:	Brain or Intelligence	Make you try use your *number six*
Nyanfu-nyanfu:	Plenty (See Borku and Plenti plenty)	Dem say food *nyanfu-nyanfu* there
Nyanga:	Showing off (Also Nyanga Tolotolo)	Na me you dey do *nyanga* for
Nyarsh:	Bottom (Also Backyard)	Dis girl get big *nyarsh*

O

O:	Placed at the end of sentences for emphasis and effect	I go breake bottle for yua head *O*!
Oba:	Traditional ruler (Also same as Olu, Obie and Sultan)	Na him be the next *Oba*
Obey the wind:	Skinny, Very underweight individual	Dis one na *obey the wind*
Obioma:	Mobile tailor	Call me dat *Obioma*
Obito:	All night wake	Una do *obito* for nothing
Obobo canda:	Light skinned person (Derogatory)	Na *obobo canda* you wan marry
Obodo:	Home stead	Welcome to my *obodo*
Obokun:	Cat fish	Una go chop *obokun*?
Obrokotor:	Obese person	Dis one na *obrokotor*
Oda:	Other	Na the *oda* one be dat

Odeku:	Large bottle of Guinness stout	Abeg serve us *odeku* make we drink
Odu:	Shady business	Na which *odu* una dey do now
Ofofo:	Yoruba word for Gossip	You like *ofofo* too much
Oga:	Boss or Person in charge (See also Oga pata pata)	Na you be our *oga* now
Ogbele o!:	Goodness gracious	*Ogbele o!* the boy don buy car
Ogboju:	Bluff your way through (See Bold face)	Na *ogboju* make you use for them
Ogbologbo:	Skilled social miscreant	Na those *ogbologbo* come carry am
Ogbono:	Soup made from ground Ogbono seeds, crayfish, beef, dried fish, okra, spinach and pepper	Una cook *ogbono* soup?
Ogi:	Pap made from corn (Also Akamu)	I wan chop *ogi* instead
Ogogoro:	Strong alcohol drink	Dem give am *ogogoro* drink sef
Ojare:	Said at the end of sentences for emphasis	Comot for road *Ojare!*
Oje marina:	Big lie	Dis one na *oje marina*
Ojoro:	Cheating	No do me *ojoro* for dis game
Ojuju:	Masquerade	Una go see *ojuju* tonite for road
Okada:	Motor cycle taxi	Make ride *okada* come meet me
Okirikpotor:	Eczema	Na which type *okirikpotor* dey yua face

Okpetu:	Trouble!	Eh! *Okpetu* don happen for there
Okpor:	Juju	Dis one na *okpor* dem use collect your money go
Okporoko:	Stock fish	Abeg buy some *okporoko* for market
Okrika:	Second hand clothes (Also called Gorgio Amadi)	Na *okrika* cloths you buy me
Ol'boy:	Yo my man	*Ol'boy*, mind yua self o!
Ole:	Theif	Catch am na *ole'*
Olodo:	Dunce or dull student	Dis one na *olodo* for class
Olofofo:	Gossip (Yoruba word) (Also Tatafo and Amebo)	You too like *olofofo*
Olopa:	Police officer	Dem say na *olopa* come kill am
Omi ni polish:	Patent leather shoes	Dis yua shoe na *omi ni polish*
Omo:	Child or My friend	Na you be my correct *omo'*
Omo ge':	Pretty Ladyor (Also called Bushmeat, Chinani, Chickito, Gboyen, Si si and Babi)	Dis girlfriend you get na *omoge o!*
Omolanke:	Labourer for hire who carries goods in a large custom made wooden wheelbarrow	Call me dat *omolanke*
Omota:	Ruffian or rude boy	No dey do like *omota* here
One day, one day:	1)One of these days 2)Used as a warning for those	I know say, *One day one day*, he go betta

	involved in dodgy acts meaning everyday for the thief one day for the owner.	*One day one day* monkey go go market e no go come back
One kain:	Odd	Dat guy dress *one kain*.
Onioburu:	Night soil man(Also Agbepo)	You see those *onioburu* pass here
Opaks:	Worthless	No dey talk *opaks* again
Opari:	It is finished	I talk am say *opari*
Opeke:	Good looking girl (See Omoge)	Dis na correct *opeke* she be
Open eye:	1) Wise up 2) Become sexually active	Bros make you sef *open eye* Dat small girl don *open eye* now o!
Open mouth:	1) Talk 2) Astonishment	Abeg no *open mouth* laik dat Ol' boy, the way dem spray money nyanfu nyanfu for dat party, Omo na so I *open mouth*
Open ya sense:	Use your brain	Make you *open yua sense* talk like elder
Operation:	Armed robbery	Those thieves do *operation* for there
Opon:	1) Yoruba word for prominent forehead. 2)Also Crash helmet	Dis boy get big *Opon* Abeg wear *Opon* on top okada cos of accident
Oppressor!:	Owner of a big car	Na you be the *oppressor* now
Orobo:	Fat person	Na orobo you won marry

Otapiapia:	Rat poison	Make you no go chop *otapiapia*
Over-graduate:	Postgraduate	Na you be *over-graduate* for here
Overs:	Overseas	The man don go *overseas*
Over stone:	Disallowed goal when stones are used for goal posts and the ball goes directly above the stone.	Dat one na *over stone* shot he play
Over the Bar:	Unscored goal shot	All the shot he play na *over the Bar*
Ovie:	King	Na you go be next *Ovie*
Owambe:	Yoruba word hype word or slang for excessive show-off	Dat na serious *owambe* party
Owo:	Urhobo soup made from palm oil, dried meat and fish, crayfish, potash, pepper, cassava starch and Egidije. Also called Oil soup	Make you cook *owo* soup
Oyinbo:	1) White person 2) Big English words	Your son go marry *Oyinbo* You sabi blow *oyinbo* well well
Oyo	1) Name of a state in Nigeria 2) You are on your own	I dey travel go *Oyo* state today Guy, for dis life na *Oyo* you dey o!
Oyoyo:	1) Good times 2) Jollification (See Ariya)	Dis na *oyoyo* times Una dey *oyoyo* for there

P

Paale:	Old man or father	How your *Paale*?
Paddy:	Good friend	Na im be my *paddy*
Pafuka:	1)Give up the ghost 2) Collapse	Na so di man *pafuka* Dem say di house don *pafuka*
Pai:	Die or death	Dat old mama don *pai*
Pain:	Physical deformity	You sabi dat guy now, di one wey leg dey *pain*
Pali:	Friend (See Paddy)	Una all be *pali*
Pammi:	Palm wine tapped from tree top	Make you get me *Pammi*
Pan cake:	Cosmetics Make-up	Dat girl too dey use *pan-cake*
Panda:	Cheap gold plated jewellery	Dis one na *panda* you buy
Pangba:	Astonishing	Dat man Byah byah na *Pangba*
Pangolo:	An empty Tin can	Make you throw dat *pangolo* away
Panla:	Dried stock fish (Also Opkoroko)	I cook *panla* inside the soup
Para:	Parasite or Free	See as e dey *Para* all my food
Papa:	Dad	Na im be their *Papa*
Papa battalion:	Man with many children	Dis man na *Papa battalion* o!
Papa dash me cloths:	Over-sized cloths	Dis your shirt na *papa dash me*
Papa-lolo:	Dandy old man	The man don turn *Papa-Lolo*
Parapo:	Kinsman	Una all be *parapo* sef
Parsha:	Partiality (See Fren fren)	No dey do *parsha* for

		children
Pass:	1) More than or bigger than 2) Beyond me 3) Obsolete 4)Relating to a by gone era	E big *pass* am Dat one *pass* me o! Dat style don reign *pass* Dat time don *pass*
Pata:	Underwear	Try wear ya child *pata*
Pata nla':	Big size underwear	Dis one na pata nla'
Pata pata:	Completely	I don do am *pata pata*
Patch am:	Managing	Bros we dey *patch am* o!
Pay smol smol:	Pay for goods in instalments	Make you try pay *smol smol*
Pepper:	Trouble	You go *see pepper*
Pepper don reach:	I am alright financially	Oga, *pepper don reach* my hand now
Pepper eye:	Jealousy	Why you dey look me with *pepper eye?*
Perm:	1) Commit to memory 2) Woo a girl	Make you *perm* dis song for head Try *perm* dis girl to yourself
Persin:	Person	Na my *persin* dem be o!
Petty trader:	Road side vendor of assorted cheap articles	Call me those *petty trader*
Phychemba:	Physics, Chemistry and Biology	Na *phychemba* be my subjects
Pick pin:	Punishment where one stoops on one leg to touch the ground with one finger and maintains the position. (Popular in boarding school	Dem say make he *pick pin* as punishment

	houses)	
Pick race:	Sprint off	Make you *pick race* now before rainfall
Pickin:	Child	Na your *pickin* keep am there
Pickin wey say im mama no go sleep, im sef no go sleep:	Admonition to disobedient child - "You think you are giving me trouble but it's you who will suffer most."	Na pikin wey say im mama no sleep, im sef no go sleep
Pipo:	People	Una *pipo* make we go yonder
Piss for bodi:	1) Incontinence of urine 2) Paralysed by fear	Na your pikin *piss for body* I go beat you *piss for body*
Pkoku lowue':	Cheap or very common article	Dis ya cloth na *popu lowue'*
Pkomo:	1) Dried Hide and Skin of cow 2) Woman's pussy 3) Rain coat/condom	Mama give me *pkomo* inside the soup Dat girl *pkomo* sweet well well Make sure say you use *pkomo* during sex
Pkomo Man:	Sexaholic (One always wanting to have sex)	All dis *pon mo* men too much here
Pkopo garri:	Dried Tapioca usually eaten with salt and ground nuts	You go eat *pkopo garri*?
Pompoo:	Navel	Your pikin get big *pompoo*
Plant:	Electricity generating plant Also Generator	The *plant* dey work well now

Play:	Trick	No *play* mi wayo jo
Plenti plenti:	Abundant	Food *plenti plenti* for the party
Pollute:	Fart. (See also Mess)	You to dey *pollute* the air
Pololo:	Prostitute (See Ashewo)	Dat girl na *pololo*
Popular jingo:	Man about town	Na you be *popular jingo* now
Popular side:	Cheap seats	Make una stay for *popular side* there
Port:	Short name for Port Harcourt, a Town city and Capital of Rivers state, Nigeria. Also called the Garden city	Now I dey live for *Port* o!
Poto-poto:	Mud	Na inside *poto poto* u fall
Pound:	Pounded yam	Give me *pound* yam to chop
Pozza:	Poser (See Alan Pozza)	You be correct *pozza*
Pregnapoline:	Pregnant lady (See Get belle)	She don turn *pregnapoline*
Presido:	President	Make we listen to *Presido* speech
Press:	Ironing of clothes	Abeg, make you *press* dis shirt for me
Price:	Inquire as to the cost of items for sale	Wetin be the *price* for dis bag?
Proper proper:	Very well	Make you do am *proper proper*
Provisions:	Tinned beverages	Make you buy *provisions* drink
Provoke:	Angry easily	Dis man to dey *provoke* sef
Puff puff:	Fried balls of flour	Buy me *puff puff* to eat
Pull your ears:	Get ready to run off	Make you *pull your ears*

		before oga come
Pump:	Public or outdoor tap	No drink water for *pump* again o!
Pure water:	1) Bottled water sold by street vendors in Nigeria 2) A very common commodity	Buy me *pure water* for dat shop Dat car dey everywhere laik *pure water*
Put:	Appoint to position	Make you *put* ya brother for work
Put am for ground:	Put someone on the floor with a punch during fight	Abeg, no *put am for ground*
Put eye:	Look at something with longing	Bros make you *put* eye inside the matter
Put fire:	Stir up strife or incite two quarrelling parties into a fight	Why you dey *put fire* between them?
Put mi for trouble:	Get me into trouble	You want to *put mi for trouble*
Put leg for road:	Start going	My friend, make you *put leg for road* now
Q		
Quaya:	Choir	You be *quaya* member for church
Quayet:	Quiet	Make you keep *quayet* first
Quanta:	Collide or Fight	All of una get *quanta* for the group
Quarter pass four:	Squinted eyes	See ya eyes, na *quarter pass four o!*

Quench:	1) Switch off 2) Die (See also Yamutu)	Quench dat light Di man don quench.
Queer-queer:	Useless (See Ye-ye)	Na queer-queer shoe you give am to wear
Quick:	Punctuality	Since im promotion e no dey quick return from work
R		
Ra-re:	Trendy guy	All of una be ra-re
Rain beat you:	Drenched in the rain	Sorry, the rain beat you
Rain coat:	Condom (See Pkomo)	Abeg, make you use rain coat before sex
Raise hand:	Salute	Oga, I raise hand for you o!
Rake:	Empty boasting	You just dey rake like say you get power
Ranka dede:	Hausa greeting or applaud	Oga, Ranka dede
R.R.S:	Rapid Response Squad(An arm of the Police Force in Nigeria)	Na dem be the R.R.S
Reach:	1) Arrive 2) Afford	Which day you reach? Na dat one my hand (pocket) reach
Reach ground:	Completely	The gown dey reach ground well
Reach mai place:	Pay me a visit	You come town, no even reach mai place
Ready-made:	Off the peg(rack) and ready to wear	Na ready-made shirts I want
Reign:	In vogue	Na dat trousa dey reign

		now o!
Reign pass:	Out of fashion	Dis cloth don *reign pass* o!
Remain small:	Nearly or Almost	He *remain small*, car for jam your dog
Remember me:	Remind me	Make you *remember me* about the gift
Remember the day yua mama born you:	A Threat. Means the beating will cause you to relive your birth.	I go beat you sotey, you go *remember the day yua mama born you*
Remi:	Left overs	Na *remi* dem want make you chop
Return match:	To retaliate for a wrong	Na *return match* make you do dem
Rhyme:	Go well together	Dat yua trousa no *rhyme* di shirt
Richard Lander:	One who uncannily times his visits to your house to coincide with meal times	I go nickname you *Richard Lander*
Rimuv:	Remove	Abeg *rimuv* your cloth cos of rain
Rockeez:	Party	I dey go *rockeez* tonite
Rofo rofo:	Rough	No wear *rofo rofo* cloth follow me
Room and parlour:	One room apartment rented out to families with shared toilet facilities. The room is usually divided with a curtain into the sleeping area (room) and the sitting area (Parlour)	Na *room and parlour* dem dey stay

Rush:	1) Struggling for a place on a bus	Na when I dey *rush* for Molue money fall down
	2) Flow	The pump dey *rush* well well now
S		
Sabi:	Know	You *sabi* am before
Sabi book:	Brilliant at studies (Also see Know Book)	Your daughter *sabi book* o!
Sacrifice:	Bribe to Police at road junctions	Abeg give the police *sacrifice* make we go
Sagalo:	Overhead kick in Football game	The player *sagalo* the ball inside goal post
Saka:	Know too much (sarcastic)	Na you *saka*
Salenza:	Exhaust pipe if vehicle. Derived from Silencer	The car *salenza* don spoil
Salut:	Salutation or Greetings	Oga, I salut you sir!
Samba:	Bottom Or a generous rear end (See Yarnsh)	Dis girl *samba* na wa o!
Samma:	1) Hit 2) Lie	I go *samma* you slap o! Dat boy sabi *samma* o!
Sam-sam:	1) Never 2) Not in a million years	*Sam-sam* no be me carry your wallet You no go fit carry am *lai-lai*
San sand:	1) Sand 2) Dirt	Na *san sand* your child dey play inside Abeg no put *san sand* for my business o!
Santana:	Also called 'Apku Named after the car' which normally comes in white and handles smoothly	Mama serve *Santana* make I chop

	like Apku	
Sapaa':	Suffering hunger due to lack of money	Oga, *sapaa'* dey hold boys for yonder
Sapele water:	Native gin (See Apketeshi)	Dem give you *sapele water* drink?
Saraa':	Sacrifice (Yoruba word)	You go chop *saraa'* for party one day
Satellite:	1) Abbreviation for Satellite Town , Lagos 2) Large head scarf worn by women dressed in traditional attire	Na *satellite* town you dey stay? Madam dis your *satellite* nice o!
Sawa:	Sour	The soup *sawa* too much
Say:	Is it not that	*Say* na you be di Oga?
Say wetin:	1) Why? 2) What?	He ask, *say wetin* be the problem
Scata:	Scatter (Also *Scata-scata)*	You don *scata* my cupboard now
School Father:	Male mentor to junior student in Nigerian boarding school	Na him be my *school father*
School Mother:	Female mentor to a junior student in Nigerian boarding school	Na she be my *school mother*
Scope:	1) To look at an object or person longingly 2) Tell a lie	Why you dey *scope* girls like dat? You dey *scope* me now, abi?
Sebi?:	Isn't it?	*Sebi* na you say make I go?
Sekon:	Second	Na the *sekon* one I choose
See Blood!:	Look at trouble	My friend you go see

		blood now if I vex
See im place, see mai place:	We are close neighbours	*See im place, see mai place* for dat area
See Oba:	Trouble or threat	If mai hand touch you, I swear you go s*ee Oba*
See Pepper:	Trouble	I swear you go *see pepper o*!
See trouble!:	An exclamation made when someone pollute the air by farting in class or office	*See trouble* o! una to dey pollute for class
Sef:	1) In particular 2) Placed at end of question when irritated or impatient	You *sef, I don tire tire for you* Wetin *sef?* Na only me be pikin for dis house
Senior:	1) Elder 2) Someone in a higher class in secondary school	Na my *senior* you be for dis house Dem be *senior* students for dis school sef
Serve Juju:	Worship idols	Make una no *serve juju*
Set:	Hi-fi system (See Gbedu and System)	Na correct *set* you buy
Set blow:	Adopt a fighting stance	Make una *set blow* to fight
Shack:	1) Drink alcohol 2) Be intoxicated or mesmerised by anything	You go *shack*? My guy don *shack,* make he no drive
Shackeez:	1) Act of drinking 2) Alcoholic drinks (Also Shayo)	Boys juss dey *shakeez* for the party Guy, *shakeez* plenty for dat party
Shade up:	Wearing dark sun glasses	The man *shade up* cos of

		sun
Shakabula:	Dane gun	The thief come wit *shakabula*
Shakara:	1) Showing off	You too dey *shakara*
	2) Boasting about the impossible (See Raking or Draw rain)	Oga sabi *shakara* police o!
Shake bodi:	1) Spend some money	Abeg try *shake bodi* for me
	2) Pay the bill	Na oga help us *shake bodi*
Shaki:	Sheep or cattle cooked intestine	Mama give me *shaki* make I chop
Shako:	Yoruba word meaning Show off	You sabi *shako* too much
Shalanga:	Pit latrine	That man fall inside *shalanga*
Sharrup!:	Shut up	Abeg *shar rup* ya mouth
Sharp mouth:	Acid or bad tongue	You get *sharp mouth*
Shay o':	Drunkeness	He be like you don *sha yo'*
Shenj:	Change	Give me my *shenj*
Shenlele-coolele:	Chant usually sang by kids at each other before a fight in Warri.	*'Shenlele-coolele,shenlele-coolele'* Make una fight and we watch
Shey?:	Yoruba word meaning- Is it not?	*Shey,* na you eat my food?
Shi coco:	Beautiful lady(See Omoge)	See dat *shi coco inside dat car*
Shift comot:	Move out	Abeg make you *shift comot* here
Shimi:	Slip worn under dress.	How much you sell the *shimi*

Shinani:	Pretty lady (See Omoge)	Your wife na *shinami*
Shine:	Look well or Look glamorous	Oga! You dey *shine* o!
Shine your eyes:	1) Keep your eyes open 2) Be on your guard	Dat dead bodi still *shine eyes o!* Bros make you *shine your eyes* o!
Shine shine:	Glittering	*Shine shine* bobo na you biko
Shock abzoba:	Shock absorbers of vehicle or to be able to withstand stress	You get *shock abzoba* for body
Shoe maker:	Shoe repairer	Call me *shoe maker*
Sho mo':	A Yoruba word for "You know or You understand"?	Bros *sho moo*! as I talk na so he happen
Shoo!:	An expression of surprise or Wow!	*Shoo!* he don travel abroad
Short knicker:	Boxer Shorts	Buy me *short knicker*
Show:	To purnish or make life difficult for someone	I go *show* you o!
Show boy:	Condom(also Called *Pkomo* or Rain coat)	Abeg try use *showboy (raincoat)* before sex
Show face:	1) Turn up 2) Show up briefly at a function to avoid being accused of snubbing the host	Dat boy *show face* today sef Make you try *show face* before you travel
Show fefelity:	Pretending to be fragile and sophisticated (See- Sime sime)	Make you *show fefelity*

Show them:	Give them something to think about (Also Show dem Pepper and Show dem finis)	Make you *show them* the matta well o!
Sidon:	Sit down	Make you *sidon* now
Sidon look like dog:	Phrase used to tell someone off for being too passive	See as you *sidon look like dog*
Sidon there now:	To sit and day dreaming (used sarcastically)	No go work, make you *sidon there now*
Sight:	To See	I juss *sight* di guy dey come
Sima:	Calm down	Abeg *sima* down first
Sime sime:	1) Weak 2) Too gentle	You too *sime sime* O' boy, why you dey do *Sime sime* like dis
Si si:	Young trendy girl	You don become *si si* now
Sista:	Sister	Na my *sista* be dis
Six to six:	Local food called "Apku" Phrase coined up because some claim a meal of Apku can keep hunger away for 12 hours	Mama give me *six-to-six* make I chop
Skenchi:	Greedy	You be *skenchi* o!
Slacki:	Slow thinking	Na *slacki* you be o!
Slap:	Walking or trekking	As man no get car na so so *slap* man dey *slap* go everywhere
Slipas:	Slippers	Na how much be ya *slipas*
Small chop:	Pre-meal appetisers such as Chin Chin, Peanuts,Puff Puff and Kuli Kuli	Abeg give me *small chop* first

Smallie:	Small statured individual	Dis one na *smallie*
Small-small:	1) Gently (Also Sofri sofri) 2) Little by little	Na *small small* we dey do am *Small small* dem go all leave
Small time:	Next thing you know or before you know it	*Small time* police go arrived if u no go
Smell:	Get close to	Na lie you never *smell* Muritala before
Smol:	Small	Give me *smol soup*
Soak away:	Septic tank	The *soak away* dey smell o!
Soak garri:	1)Meal of Garri mixed with water 2)Financial hardship	You go *soak gari* as food As dem never pay us e bi laik na *garri* we go dey *soak*
Soakeez:	Act of drinking garri	You like *soakeez* too much
So kin so:	1) Yoruba word meaning- come down so that I may come down used as an alternative name for Volkswagen beetle cars 2) Two door vehicle where the front seat passenger needs to get out before the rear seat passenger can exit)	Make you help me *so kin so* Make you no buy *so kin so* cars o!
Soda:	Wield together	Abi dem *soda* una two together
Soja:	Soldier	Dem all be *soja*

Sokoto:	Traditional trouser	I like your *sokoto*
Sontin:	Something	Na *sontin* go lead to *sontin*
Sontin dey do you:	There is something wrong with you	I sure say *sontin dey do you* for head
Sontin dey there:	There's something special going on	Na true say *sontin dey there*
So so:	Something always being done	Na *so so* drink e dey drink
Sotey:	For such a long time	*Sotey* you no even call me
Soyoyo:	Trendy	See those *soyoyo* girls
Sound you:	Slap you in the face	I go *sound you* for face o!
Soup wey sweet na money kill am:	Good things cost money	The true bi say, *soup wey sweet na money kill am*
Spark:	Lose temper	Bros no *spark* abeg
Spin:	Woo a girl Also Toast , Approach, Tune, Give raps and Baze	I like as you *spin* the girl
Spoots:	Designer or very nice clothes (See Sputs)	Your na confirm *spoot* o!
Spoil:	Talk badly of someone behind their back	I hear as you dey *spoil* me for dat party
Spoil mai garri:	Spoil one's good	Abeg no *spoil mai garri* for me
Spray:	Giving of monetary gifts to dancers and musicians at a party. The bank notes are usually placed on the foreheads of the recipients	You *spray* money for the party well
Spree spree:	Speak with a foreign accent especially English one	The man just dey *spree spree* grammer o!

Sput:	1) Dressed to kill 2) Designer clothes (See also Sputeez)	Di guy *Sput* o! I like ya *sputez*
Square:	Pay up	Oh boy *square* me dat moni you owe
Squatter:	University campus term denoting a student living illegally in the halls of residence under the auspices of a 'Landlord'; the legal owner of the room	Na him be my *squatter* for dis room
Squat-o-meter:	Name given to a squatter's mattress on some campuses	Na my *squat-o-meter* be dis
Stand dey look:	1) Not using one's initiative 2) Being unduly passive	All of you *stand dey look* am till he fall
Standard:	Very good	Oga make *standard* speech for dat launch o!
Star:	Brand of Nigeria alcoholic beer	Bring one *Star* make I drink
Stay yua own:	Keep to yourself	Abeg *stay yua own* now o!
Stock Fish:	Chemically dried fish	How much be ya *stock fish*?
Stone ground:	Fall heavily (See you fell heavily)	See how e take bodi *stone ground*
Stomok:	Stomach	My *stomok* dey pain me
Stranger (See J.J.C):	Visitor	You still be *stranger* for here
Stroke:	Tease (See Yab)	Them just *stroke* you there now

Strong head:	1) Stubborn 2) Persistent	You too like *strong head* Make you use *strong head* get the job
Stud:	1)Rough tackle during football game 2) Hamper one's progress	No *stud* me o! You wan *stud* my career?
Suegbe:	1)Dunce 2) Slow person	You be*suegbe*? (Are you a dunce?) Na *suegbe* you be sef (You a slow person)
Suffer head:	1) One prone to recurrent hardships 2) Poor man (You have become a poor man)	I think say na *suffer head* you get You don turn *suffer head* finish
Suffer man:	Poor man	Na *suffer man* u don become so
Suppose fit:	Should be able to	I *suppose fit* do am sef
Suppose to:	Should	You *suppose to* come today
Suya:	Barbecued Beef or chicken served with special Nigeria spices	I go buy you *suya* tomorrow
Swear:	Cursed	Dem *swear* for you? (Are you cursed?)
Sweet mouth:	Persuasive tongue	Oga get *sweet mouth* well-well
System:	Hi-Fi System	I like dis ya *system* o!

T

Taba:	Tobacco	You wan buy *taba* now
Taim:	Time	Wetin be ya taim? (What's the time?)
Tanda:	1) Stand 2)Loitering	No come *tanda* for my door Why dey *tanda* for our compund
Taffia:	Gossip	Dis girl too dey *taffia*
Take:	How did you do it?	How you *take* build house on yua salary?
Take breeze:	Sit out in the fresh air	I go sit outside to *take breeze*
Take eye see:	To look without touching	Why you no fit *take eye see* Gulder (Meaning Can't you see a bottle of Gulder without wanting to drink it?)
Take Garri from mai mouth:	Interfere with my livelihood	So na u dey come *take gari for my mouth*
Take light:	Electricity Power cut or turn off (See NEPA)	Fuck up! This officials don *take light* again
Take me shine:	1) Humilate someone for self pride	See as you go *take me shine* there

	2) Look good at my expense	But why you *take me shine* badly
Take style:	1) In a round about sort of way	The tailor *take style* get the dress o!
	2) Use of guile	The bobo wan *take style* thief mai money
Talk anoda thing:	Say something better	Abeg *talk anoda thing* make I hear
Talk true:	Say the truth	*Talk true* bifor I punish you now
Tap leather:	Play football	Make una come *tap leather* with me
Tapping:	Stealing	Dat boy sabi *tapping of* biro for class
Tapping electrons:	Caressing a Lady	You wan *tap electron* free for my body
Tatafo:	Gossip	You like *tatafo* too much
Taya:	1)To be tired	Bros my body *taya* no be small
	2) Do something to exhaustion or full satisfaction	I don chop *taya* o!
Tap soccer:	See Tap leather	Na him be the *tap soccer* champion
TDB:	Till Daybreak	Na *TDB* party we go
Te slow:	1) Doing things slowly	You too *te slow,* abeg hurry!
	2) Slow Down, what's the hurry!	Bros *te slow* on ya driving speed
Tear shot:	Kick a hot shot during football	The player *tear shot* on the goal keeper

Tey:	Take too long a time	You don too *tey* for dat toilet, abeg commot
That one:	1) That person 2) That situation	Na *that one* slap me Na God change *that one* for me o!
Them say:	I heard it from them	Na wetin *them say* sef
Them send you:	Were you sent to torment me?	Come, *them send you?*
Thermacool:	1) Relax 2) Chill or Stay cool 3) Brand name of refrigerator	Bros *thermacool* your temper o! Abeg, make you sit and *thermacool* Buy me *thermacool* fridge
The thing bi say:	The fact of the matter is	Oga *the thing bi say*, dat boy dey innocent
The thing wey happun for fowl house dey happun for chicken house too:	Meaning: What's good enough for the goose is good enough for the gander	As our people dey talk say 'the thing wey happen for fowl house, dey happen *happenfor chicken house too'*
Throway face:	Ignore someone or avoid eye contact	You sabi *throway face* so I no go greet you
Throway salute:	Big shout out to	Oga, I *throway salute* for you
Tie am:	Cast a spell on someone	He be like *dem tie* am from village
Tie neck:	Street criminals known for grabbing neck chains forcefully from car occupants' necks	Those boys don dey *tie neck*
Tie yua Sokoto:	Literally means 'Tighten your belt' and idiomatically means 'Brace yourself for life	Bros now make you *tie ya sokoto o!*

	challenges'	
Tief:	Thief(See Ole)	Catch am, na *Tief'*
Tight hand:	Stingy	You get *tight hand* too much
Timber and caliber:	Men of repute, significance, influence and affluence	Na dem be men of *Timber and caliber* for dis town
Time wey I small:	When I was young	Na the time *wey I small* Papa travel go yonder
Tineja:	Teenager	All you be *tineja*
Ting:	Thing	Na the *ting* be dat
Tinigbeku:	A Yoruba word for an Extremely thin individual	You dis *tinigbeku!*
Tiro:	Khol used as eye liner	Na your *tiro* be dis
Tip:	Dribble opponent during football game	Those players sabi *tip* football o!
Titi:	A Yoruba title for a Young girl	Na you be my one and only *titi*
Titrate:	Urinate especially at road side or in a bush	Oga he be like say I wan *titrate*
Toast:	Woo a lady (Also Spin Approach a lady)	You *toast* dat girl for the party
Today na today:	This problem must be fully resolved today	Oga *today na today*, we go settle dis matter
Tokunbo:	1) Second hand goods 2) Child born overseas	Dat car you buy na *tokunbo* Na you be *tokunbo*, dem born overseas
Tolotolo:	1)Show of 2)Turkey	E dey make Nyanga as *Tolo tolo* Abeg buy me *tolotolo* for market
Tombo:	Palm wine (See Palmmy Also Tombo Liquor)	Give me *tombo* make I drink

Tommorow, tommorow:	To procastinate	Na so so *tomorrow tomorrow* you dey talk no action for your body so
To nonsense:	To excess	E' Grab muscles *to nonsense*
Too dey:	Always doing something in excess	You *too dey* snore
To get:	Have in abundance	Me sef, I dey pray *to get* money
Tori:	Interesting or humorous story	Tell me better *tori* o!
Tori get k-leg:	The situation has become complicated	The *tori don get key-leg* now sef
Tori get many leg:	Many sided issues or matter (See Tori get K-leg)	Dis *matta don get many leg*
Toro:	Problem	Dat one na yua *Toro*
Toronto:	Fake goods or documents	All dat documents na *toronto*
Tortoise car:	Volkswagen Bettle (Also Volks)	Na dis *tortoise* ya papa give you
Tory don wowo:	The story or situation has turned bad or wprse	My sister, *tori don wowo and wowo don tori*
Toto:	Female vagina	Dat girl *toto* sweet well o!
Totori:	Tickle or Excite	Dis matter dey *totori* me well well
Traficate:	Indicate while driving(using the turn signal in your vehicle)	Oga try *traficate* before you turn
Travul:	Travel	I go *travul* next year
Trek:	Act of walking (See Legedis Benz, Foot wagen and	Una like to dey *trek* too much

	Footron)	
Tri:	Three	We be *tri* inside the house
Trouble dey call you:	You are looking for trouble	E' be like say *trouble dey knock for ya* door
Trouble sleep Nyanga go wake am:	But you should have let sleeping dog (trouble) lie. But for one's outsized ego, an issue would have been amicable resolved	The truth be say, *troube sleep yanga go wake am,* so carry
Trousa:	Trouscr (Also Trousees)	How much be ya *trousa*
True true:	Most definitely	Make we talk *true true,* na God bring you here
True to God:	An act of swearing e.g I swear	*True to God,* I no steal ya food
Try:	1)Did well 2)Tried you best 3)Sarcastic use when someone offends another	Well you *try,* for me thank you Make you *try* for am Oh' boy , *you no try* at all
Tu:	Two	Na *tu* orange she want
Tu Face:	Breast of a lady	Dat girl *tu face* soft well o!
Tuffi apa:	God forbid!	*Tuffi apa!* I no go gree!
Tuke tuke:	Buses used for transport. (See Danfo)	Make you enter *tuke tuke*
Tu tu:	Pair of two each	Make una go *tu tu* sef
Tuwo Shinkafa:	Hausa meal made from mashed boiled rice and served with soup	You dey sell *tuwo shinkafa?*

U		
Ukodo:	Meal of yams, spices, fish and pepper soup boiled in the same pot	You dey sell *Ukodo*?
U.I:	University of Ibadan	I dey school for *U.I*
Una:	You people or my people	*Una* people, I go help *una*
Una go marry una sef:	Two people forced on each other by a Bus (Molue) conductor who runs out of change and suddenly darts off leaving the two with a single bank note to share	Abeg no change, *make una marry una sef*
Una two:	The two of you	*Una two* go follow me travel
Uniben:	University of Benin	My school na *Uniben*
UniCal:	University of Calabar	Na him go *UniCal* last year
Unilag:	University of Lagos	I dey go *Unilag*
Uniport:	University of Port Harcourt	Na *uniport* be your school?
Up stair:	One storey building	Na *up stair* dem go sit
Uselu:	1)Area in Benin city where the Psychiatric hospital is located 2) Mad man	Dem go soon carry you go *uselu* You don turn *uselu* for dis town
V		
Vamoosh:	Make hasty retreat	Make you just *vamoosh* now
Vex:	To annoy	Abeg no *vex* me again
Venue:	Location of party	Na where be the *venue* sef

Vess:	Provoke to anger	Why you *vess* those children
Vex-comot:	Storm off in anger	Oga don *vex-comot*
Viagragra:	Viagra or Aphrodisiac	You go drink dis *viagragra*
Vibrate:	1)Exert one's self 2)Show off one's grasps of a subject	Guy, you too dey *vibrate* over nothing No just dey *vibrate* your brain here o!
Village persin:	Someone who hails from one's tribe or village	Na you be my *village persin*
W		
Waka:	Walk away	Make you *waka* comot here
Waka waka girl:	Prostitute	Na *waka waka girl* be dis your girlfriend
Wa yo:	Deception	Na me you wan do wa yo
X		
Xerox:	1)Plagiarism 2) Examination malpractice of copying someone's work Derived from Rank *Xerox* Also – Dub	I no like dis *Xerox* at all Na *Xerox* be your offence
Y		
Ya:	Your	Na *ya* own paper be dis
Yab:	1)Make fun of 2) Abuse	Why you *yab* your brother like dat?
Yabbis:	1)Act of poking fun	Dis *yabbis* too much, stop

	2)Joke at another's expense	am
Yafu yafu:	Plenty (See Nyanfu-nyanfu, Borku and Plenti plenti)	Food *yafu yafu* for my house
Yakata:	Heavily	I juss fall *Yakata*
Yallow-Paw-Paw:	Light skinned person, especially when using skin lightening creams	This child na *yallow-Paw-Paw*
Yam:	Large calf muscles on the leg	That girl get *yam* for leg
Yama-yama:	Nonsense!	I no go take *yama-yama* from you at all
Yamiri:	Cannibal	You dey behave like *yamiri*
Yamutu:	1)Die 2) Break down	Dem say their Papa don *yamutu* The car battery don *yamatu*
Yanga:	1)Pride 2)Flamboyance (See also Nyanga)	You get *yanga* too much Dis girl too dey do *yanga* too much with her dresses
Yarn:	1)Story or tales 2) Speaking	Make you *yarn* me the matter Continue your *yarn* I dey hear you
Yarnsh:	Bottom (Also Backyard, or Ikebe)	Babe girl your *yarnsh* big well well o!
Yawa don gas:	Things have exploded or Trouble has happened!	Bros e' *yawa don gas o!*
Yawa no go gas:	(Threat) Things will not explode or get out of hand	Pray make *yawa no go gas o!*

Yawn:	Loneliness	Na wa for dis *yawn* u dey so sef
Yellow fever:	1) Traffic Warden with bright orange khaki shirts	Avoid those *yellow fever* for road
	2) Lady who bleaches skin lighter (derogatory)	Dis girl don turn *yellow fever*
Yesterday talk:	Obsolete news	Dat one na *yesterday talk*
Ye ye:	Useless or Worthless	You be *ye ye* person
Ye pa:	Yikes!	*Ye pa! E'* don happen o!
Yonda:	Far away (Yonder)	I dey go *yonda* first
Yori yori:	My Love or sweetheart	Na you be *my yori yori*
You be correct:	1) You're the man 2) You are too much	My guy, *you be correct* man o!
You chop, I chop:	Mutual corruption	Government work na *you chop, I chop*
You dey chop bottle?	Literally it means 'Can You chew bottle, but idiomatically Means you are not strong-headed'. This questions the strength of opponents before street fights	*You no sabi dey chop bottle reach me*
You dey make me fear o!:	I am afraid	Oga you don *make me dey fear you*
You get mouth:	You are eloquent	Oga, *you get mou*th no be small
You get two head?:	So you think you are tough?	You no *get two heads o!*
You go know yourself:	Threat	I go so beat you eh, *you go know yourself*
You go see Shege:	Threat	If you come near me, *you go see shege*
You go see pepper:	Threat	Make you talk, *I go show*

		you pepper
You go see:	Threat) You will see	*You go see* blood o!
You hear?:	Do you understand?	You *hear* me so!
You meet me well o:	Type of greeting used when a visitor who stumbles on you at meal time	My friend, *you meet me well o!*
You no get work?:	Don't you have something better to do?	I see say *you no get work*
You never chop?:	1) Haven't you eaten? 2) Why are you acting so weak?	Bros you never chop? Which one you dey waka laik say *you never chop.* Also - Abi *you never chop?*
You sabi do am:	You know how to do it	Bros *you sabi do am?*
You'dey on o!:	You are the man!	Oga you *dey on now o!*
Your hand reach:	Be able to afford something	Na dat one *your hand reach*
Your money don come:	You have hit the jackpot	Oga *your money don come*o!
You too much!	You are the best	Oga I swear, *you too much o!*
Yua:	Your	Na *yua* own?
Z		
Zeburudaya:	Name of character in Nigerian soap Opera; The Masquerade famed for making up humorous words and phrases	You sef don turn *zeburudaya* now o!
Zero one zero:	(University slang) No breakfast, have lunch and no dinner due to financial hardships	Oga na *zero one zero* boys dey do now o!
Zero zero one:	Eat only dinner	Na *zero zero one* level our

		papa put us now
Zombie:	1) Derogatory name for all Soldiers originally used by late Fela Anikulapko-Kuti a popular afro beat musician in Nigeria 2) Fools	Na those *zombie* start to fire gun shot I swear, you be real *zombie*
TITLE OF POEMS YAM FUFU HOT!	**POEMS IN PIDGIN-ENGLISH** YAM FUFU HOT, YAM FUFU COLD, YAM FUFU IN THE POT, THREE DAYS OLD.	**ENGLISH VERSION** YAM FUFU IS HOT, YAM FUFU IS COLD, YAM FUFU IS IN THE POT, THREE DAYS OLD.
TITLE OF SONGS JESUS IS BIG MAN	**PIDGIN-ENGLISH VERSION** JESUS NA BIGGIE MAN, OH YES! JESUS NA BIGGIE MAN, OH YES! WHO NO KNOW AM, CALL AM SMALL BOY, JESUS NA BIGGIE MAN (twice)	**ENGLISH VERSION** JESUS IS A BIG MAN, OH YES! JESUS IS A BIG MAN, OH YES! WHO DON'T KNOW HIM, CALLS HIM SMALL BOY, JESUS IS A BIG MAN, OH

	WHO NO KNOW AM, CALL AM SMALL BOY	YES! WHO DON'T KNOW HIM, CALLS HIM SMALL BOY
TITLE OF SONGS I GO CLIMB THIS MOUNTAIN	**PIDGIN-ENGLISH VERSION** I GO CLIMB DIS MOUNTAIN, I GO JUMP DIS FENCE, BICOS OF JESUS, I NO GO FALL, I GO CLIMB DIS MOUNTAIN, I GO JUMP DIS FENCE, BICOS OF JESUS I NO GO FALL, WETIN DEY SAVE ME, NA BLOOD OF JESUS, WETIN DEY ME, NA BLOOD OF JESUS,JESUS	**ENGLISH VERSION** I WILL CLIMB THIS MOUNTAIN, I WILL JUMP THIS FENCE, BECAUSE OF JESUS, I SHALL NOT FALL, I WILL CLIMB THIS MOUNTAIN, I WILL JUMP THIS FENCE, BECAUSE OF JESUS, I SHALL NOT FALL, WHAT IS SAVING ME, IS THE BLOOD OF JESUS
TITLE OF SONG CALL AM GOD!	**PIDGIN-ENGLISH VERSION** CALL AM GOD, IM GO HEAR, CALL AM GOD, IM GO HEAR YOU, MESSIAH BE IM NAME,	**ENGLISH VERSION** CALL HIM GOD, HE WILL HEAR, CALL HIM GOD, HE WILL HEAR YOU, MESSIAH IS HIS NAME,

	CALL AM GOD, IM GO HEAR,	CALL HIM GOD, HE WILL HEAR
TITLE OF SONG NA SO SO WONDER!	**PIDGIN-ENGLISH VERSION** NA SO SO WONDER, JESUS DEY DO, NA SO SO WONDER, JESUS DEY DO, EH' HE DON DO AM FOR ME, EH' HE GO DO AM FOR YOU, EH' EH' EH' HE GO DO AM FOR YOU, NA SO SO WONDER, JESUS DEY DO,	**ENGLISH VERSION** ITS ALL WONDER, JESUS IS DOING, ITS ALL WONDER, JESUS IS DOING, EH' HE HAS DONE IT FOR ME, EH' HE WILL DO IT FOR YOU, EH' EH' EH' HE WILL DO IT FOR YOU, ITS ALL WONDER JESUS IS DOING,
TITLE OF SONG HOW MANY PEOPLE MOSQUITO GO KILL	**PIDGIN-ENGLISH VERSION** HOW MANY PEOPLE MOSQUITO GO KILL O! HOW MANY PEOPLE MOSQUITO GO KILL,	**ENGLISH VERSION** HOW MANY PEOPLE MOSQUITO WILL KILL O! HOW MANY PEOPLE MOSQUITO WILL KILL,

	EH' DEM GO BITE US TIRE, EH' DEM GO BITE US TIRE, EH' EH' EH' DEM GO BITE US TIRE, HOW MANY PEOPLE MOSQUITO GO KILL,	OH' THEYWILL BITE US TIRED, OH' THEYWILL BITE US TIRED, OH' OH' OH' THEY WILL BITE US TIRED, HOW MANY PEOPLE MOSQUITO WILL KILL,
<u>TITLE OF SONG</u> JESUS WINNER	**<u>PIDGIN-ENGLISH VERSION</u>** WINNER EH' EH' EH', WINNER, WINNER EH' EH' EH' WINNER, JESUS YOU DON WIN O! WINNER, PATA-PATA YOU DON WIN FOREVER, WINNER	**<u>ENGLISH VERSION</u>** WINNER OH' OH' OH', WINNER, WINNER OH' OH' OH' WINNER, JESUS YOU HAVE WON O! WINNER, FINALLY, FINALLY YOU HAVE WON FOREVER, WINNER